<그리스도인이면 꼭 알아야 할 성경 지식>

마태복음

제4권 천국에 들어갈 수 없는 사람들(18-23장)

서울솔로몬학교 성경연수원

차 례

이 책에 인용된 성경 구절은 〈한글킹제임스성경〉입니다.

제1과
멜키세덱은 누구인가?
(7장)

『아브라함도 전체의 십분의 일을 그 [멜키세덱]에게 드렸으니, 그의 이름을 해석하면, 첫째로 의의 왕이요, 그 다음은 살렘 왕, 곧 화평의 왕이라』(히 7:2).

신비의 인물 멜키세덱

"멜키세덱"은 성경에서 가장 신비로운 인물들 가운데 하나이다. 그 누구도 그의 신원에 대해 만족할 만한 설명을 하지 못한다. 어떤 사람은 그가 성육신하기 이전에 나타나신 "그리스도"였다고 설명한다. 물론 그가 그리스도의 "모형"이긴 하지만, 성경은 멜키세덱이 "하나님의 아들"이 아니라 『**하나님의 아들과 같이 되어**』(히 7:3)라고 기록하고 있다. 게다가 성육신하신 상황에서는 그리스도께 "어머니"가 있었다(cf. 히 7:3). 어떤 이들은 『**또 여기서는 죽을 사람들이 십일조를 받으나 거기서는 살아 계시다고 증거되신 분이 받는 것이로다.**』(히 7:8)라는 말씀을 근거로 멜키세덱이 "에녹"이었을 것으로 추측한다. 왜냐하면 에녹이 죽은 적이 없고 여전히 살아 있기 때문이다. 그러나 에녹이 영원한 제사장 직분을 가지고 있다고 하는 것은(히 7:24) 설명이 안 된다.

가장 가능성 있는 해석이 있다면 멜키세덱을 "셈"으로 보는 해석이다. 창세기 14장에서 셈은 여전히 살아 있었고 셈족을 다스리는 족장이었다. 창세기 9:26은 셈에게 셈족을 위한 제사장 직분이 맡겨졌음을 시사하고 있다. 하지만 이와 같은 해석에도 문제가 있는데, 이는 셈에게 "아버지"와 "어머니"와 "계보"가 있었기 때문이다(히 7:3). 더욱이 그가 『**항상 제사장으로 있느니라.**』(히 7:3)라는 말씀은 그의 정체에 대해 누구라고 단정 지을 수 없게 만들고 있다. 따라서 이 부분을 철저히 검토해 본 나는 그 문제들에 있어서 다음과 같은 모범 답안을 제시하는 바이다. "나는 모르겠다." [〈럭크만 주석성경〉 히브리서 7:3에 관한 주석]

멜기세덱 계열의 예수 그리스도

『아브람이 크돌라오멜과 그와 함께한 왕들을 쳐부수고 돌아온 후, 소돔 왕이 왕의 골짜기인 사웨 골짜기에서 그를 맞이하러 나왔으며, 살렘 왕 멜기세덱이 빵과 포도주를 가지고 나왔으니, 그는 지극히 높으신 하나님의 제사장이었더라. 그가 아브람을 축복하며 말하기를 "하늘과 땅의 소유주이신 지극히 높으신 하나님의 아브람을 복 주시옵소서. 너의 원수들을 네 손에 넘겨주신 지극히 높으신 하나님을 송축하라." 하니, 아브람이 모든 것의 십일조를 그에게 드리더라』(창 14:17-20).

1. 멜기세덱은 누구인가?(1-10절)

"**멜기세덱**"은 "**의의 왕**"이다(2절). "멜기세덱"은 "멜키"("왕")와 "체덱"("의")이 합성된 이름으로서, 그 뜻은 "의의 왕"이다. 그는 또한 "**화평의 왕**"(살렘 왕)이다(1,2절). 멜기세덱의 통치 지역(성읍)이 "살렘"이었는데(창 14:18), "살렘"(예루살렘)의 의미는 "화평"이다.

멜기세덱은 "**지극히 높으신 하나님의 영원한 제사장**"이다(1,3절, 창 14:18). 멜기세덱은 "이방인" 제사장이었다. "**지극히 높으신 하나님**"(엘 엘욘, אֵל עֶלְיוֹן) 이란 이름은 모든 피조물의 창조주로서 민족들을 다루시는 하나님과 관계되는 전 우주적인 이름이며(창 14:18, 민 24:16, 신 32:8, 단 3:26; 4:17; 5:18; 7:25, 행 16:17), **주로 이방인들이 부를 때 사용하는 이름이었다**. **멜기세덱은 항상 제사장으로 있는 영원한 제사장이다**(3절).

멜기세덱은 아버지도 없고, 어머니도 없으며, 계보도 없으며(3절), 시작한 날도 없고, 생의 끝도 없다(3절).

멜키세덱은 하나님의 아들은 아니지만, **"하나님의 아들과 같은 존재"**이며(3절), 여러 왕들을 무찌르고 돌아오는 아브라함을 축복해 주었고(1절, 창 14:19), 아브라함으로부터 "십일조"를 받았다(2절, 창 14:20). **멜키세덱은 "레위 지파의 대제사장들"보다 위대한 존재이다**(4-10절). 족장 아브라함이 멜키세덱에게 전리품의 십분의 일, 곧 십일조를 드렸을 때, 레위 지파 역시 아브라함 안에서 그에게 십일조를 드렸다(4,5,9,10절). 레위 지파를 포함한 모든 유대인들은 아브라함 안에서 멜키세덱의 축복을 받았다(6,7절). 레위 지파의 제사장들은 "죽을 사람들"이었지만, 멜키세덱은 "항상 살아 있는 존재"이다(3,8절).

멜키세덱은 **예수 그리스도의 확실한 모형이다**. 멜키세덱과 예수 그리스도는 둘 다 "의의 왕"이고, "화평의 왕"이며, "영원한 제사장"이다. 멜키세덱은 빵과 포도주를 가지고 아브라함을 맞이하러 나왔었는데(창 14:18), 빵과 포도주는 예수 그리스도의 살과 피를 예표한다.

성경이 멜키세덱을 등장시킨 이유

성경이 이방인 제사장 멜키세덱을 "등장시킨 이유"는 무엇인가? 예수 그리스도의 대제사장으로서의 사역이 "유대인"에게만 한정되지 않고 "이방인"까지 포함하고 있음을 보여 주기 위해서이다. 만일 예수 그리스도께서 레위 지파의 "아론 계열"을 따르는 제사장이셨다면, 그분의 사역은 유대인에게만 한정되었을 것이다. 하지만 축복하는 위치로 볼 때, 아브라함보다 더 높은 권위를 지닌 "멜키세덱의 계열"을 따르심으로써(히 7:11,17,21) 이방인을 위해서도 제사장 직분을 수행하실 수 있게 되었다.

2. 멜키세덱의 계열을 따르는 영원한 제사장 예수 그리스도(11-28절)

『그러므로 만일 레위 계열의 제사장 직분으로 온전해질 수 있었다면 (백성이 그 아래서 율법을 받았음이라.) 굳이 아론의 계열에 따라 부르심을 받지 않고 멜키세덱의 계열에 따라 다른 제사장이 일어날 필요가 있었겠느냐?』(히 7:11)

멜키세덱의 계열에 따라 다른 제사장이 일어나야 했던 이유(11,12절)는 레위 계열의 제사장 직분으로는 "**온전해질 수 없었기**" 때문이다(11절). 또한 제사장 직분이 바뀌고 "**율법도 바뀌어야 했기**" 때문이다(12절). 즉 "**희생제사에 관한 내용**"이 바뀌어야 했는데, 곧 동물의 피에 의한 희생제사가 아니라 예수 그리스도의 온전한 피에 의한 희생제사를 통해 하나님께 나아가는 것으로 바뀐 것이다.

예수 그리스도의 대제사장 직분은 **멜키세덱의 계열을 따른 "더 우월하고, 더 온전한" 제사장 직분**(13-17절)이다.

■ 구약의 제사장 ■	■ 주 예수 그리스도 ■
레위 지파	유다 지파(히 7:13,14)
아론 계열	멜키세덱의 계열(히 7:17)
연약함에 싸여 있음(히 5:2; 7:28)	연약하지 않으심
자기들을 위한 속죄제가 필요함(히 5:3)	자신을 위한 속죄제가 필요 없음(히 7:27)
죄로 인해 죽음을 맞이함	죽을 사람들에 속하지 않음(히 7:8)
직분을 영원히 수행할 수 없음	직분을 영원히 수행할 수 있음(히 7:17)
영원하지 않은 제사장	영원한 제사장(히 7:17)

■ 구약의 제사장 ■	■ 주 예수 그리스도 ■
육신적 계명의 율법에 따른 직분(히 7:16)	끝없는 생명의 능력에 따른 직분(히 7:16)
동물의 희생제사로 죄를 제거할 수 없음	단번 속죄의 영원한 구속을 이루심(히 7:27)
유대인들에게만 한정된 직분	유대인을 넘어 이방인까지 포괄하는 사역

예수 그리스도의 제사장 직분은 영원하고 불변하는 제사장 직분(18-28절)이다. 아무것도 온전케 하지 못하는 율법(계명)은 연약하고 무익하여 폐하여졌다(18,19절). 무조건 폐하여진 것은 아니고, 희생제사와 제사장 직분이 "예수 그리스도의 피의 속죄"를 통해 온전히 이루어졌기 때문에(마 5:18) 폐하여졌다(cf. 엡 2:15). 율법은 아무것도 온전케 하지 못하지만(19절), 예수 그리스도의 피의 속죄를 통해 주어진 "**더 좋은 소망**"(히 6:19)의 도래는 온전하게 하고 하나님께 가까이 다가가게 해 준다(19절, 엡 1:6; 2:13). 또한 레위 지파의 제사장들과 달리 예수 그리스도의 제사장 직분은 "맹세"를 통해 주어졌다(20,21,28절). **『주께서 맹세하셨으니 후회하지 아니하시리라. '너는 멜키세덱의 계열에 따른 영원한 제사장이라.'』**(21절).

"멜키세덱의 계열을 따르는 영원한 제사장"이라는 표현이 성경에서 총 7회 등장하는데(시 110:4, 히 5:6,10; 6:20; 7:11,17,21), 이 표현이 그렇게 강조가 되는 것은 멜키세덱의 계열을 따르는 예수 그리스도께서 이끄시는 신약이 구약보다 훨씬 더 우월하다는 것을 보여 준다. 구약은 "율법"이고, 신약은 "은혜"와 "진리"이다(요 1:17). 구약은 "저주"로 끝나고(말 4:6) 신약은 "아멘"으로 끝난다(계 22:21). 또한 구약의 레위 계열의 제사장들은 연약하고 죽기 때문에 직무를 계속할 수 없었고 다른 사람들로 대치될 수밖에 없었다(히 7:23).

하지만 예수 그리스도께서는 영원히 계시기 때문에 여러 다른 제사장들을 필요로 하시지 않는다(히 7:24). 물론 교회 시대의 그리스도인들은 "영적인 제사장들"(벧전 2:9)로서 실제적인 살과 피를 드리는 것이 아니고, "영적인 제물들"(찬양, 감사, 성도의 의무, 형제 사랑, 자신의 몸을 드리는 산 제물)을 드릴 뿐이다.

멜키세덱의 계열을 따르는 예수 그리스도께서는 "더 좋은 언약의 보증"(22절)이 되셨는데, 이는 "**약속**"과 "**맹세**"(히 6:17)로 된 언약이기 때문이다.

예수 그리스도의 대제사장 직분은 "**불변의 제사장 직분**"이다(24절). 대제사장이신 예수 그리스도께서는 자기를 통해 하나님께 나아오는 사람들을 끝까지 구원하실 수 있는바 "**항상 살아 계신 중보자**"이시다(25절).

예수 그리스도께서는 우리에게 적합한 대제사장이시다(25-28절). 그분은 거룩하시고 악이 없으시며 더러움이 없으시다(26절). 또한 죄인들에게서 성별되시고 하늘들보다 더 높이 되신 분이시며(26절), 영원히 살아 계셔서 우리를 위해 중보하신다(25절). 그리고 자신을 제물로 드려 단번 속죄를 이루신 분이고(27절) 자신을 영원히 드리신 분이며(28절), 다른 율법의 대제사장들처럼 연약하지 않으시다(28절).

■ 새롭게 깨달았거나 적용할 내용이 있다면 적어 보세요. ■

제1과
복습문제

1. 『아브라함도 전체의 십분의 일을 그에게 드렸으니, 그의 이름을 해석하면, 첫째로 (　　　)의 왕이요, 그 다음은 살렘 왕, 곧 (　　　　　)의 왕이라』(히 7:2).

2. 멜기세덱은 빵과 포도주를 가지고 아브라함을 맞이하러 나왔었는데(창 14:18), 빵과 포도주는 예수 그리스도의 (　　　)과 (　　　)를 예표한다.

3. 『(그들은 맹세 없이 제사장들이 되었으나, 이분은 자기에게 말씀하신 그분에 의하여 맹세로 된 것이니 "주께서 맹세하셨으니 후회하지 아니하시리라. '너는 (　　　　　)의 계열에 따른 영원한 제사장이라.'"하셨도다)』(히 7:21).

4. 멜기세덱의 계열을 따르는 예수 그리스도의 대제사장 직분은 이방인에게만 한정되는 사역이다. (O , X)

5. 『아버지도 없고 어머니도 없으며, 계보도 없고 시작한 날과 생의 끝도 없으니 하나님의 (　　　　　)과 같이 되어 항상 제사장으로 있느니라』(히 7:3).

■ 새롭게 깨달았거나 적용할 내용이 있다면 적어 보세요. ■

NOTES

NOTES

제2과

두 개의 “새 언약” I

(8장)

『그들에게서 허물을 발견하고 그가 말씀하시기를 “보라, 그 날들이 오리라. 주가 말하노라. 내가 이스라엘 집과 유다 집과 더불어 새 언약을 맺으리라』(히 8:8).

약속은 철저히 지켜야 한다

약속에 관한 수많은 속담과 명언이 있다. 우리나라에는 "남아 일언 중천금"이란 속담이 있다. 프랑스의 나폴레옹은 "약속을 지키는 최고의 방법은 약속을 하지 않는 것이다."라고 했는데, 그만큼 약속은 지키기가 쉽지 않다는 말이다. 미국의 사상가 에머슨은 "누구나 약속하기는 쉽다. 그러나 그 약속을 이행하기란 쉬운 일이 아니다."라고 했고, 셰익스피어는 "사람들의 서약은 잘 부서지는 빵 껍질이다."라고 했으며, 루이 18세는 "시간 엄수는 군주의 예절이다."라고 말했다. 인간 관계론에 관해 많은 책을 저술한 데일 카네기는 약속에 관하여 이렇게 말했다. "아무리 보잘것없는 것이라 하더라도 한 번 약속한 일은 상대방이 감탄할 정도로 정확하게 지켜야 한다. 신용과 체면도 중요하지만, 약속을 어기면 그만큼 서로 간의 신뢰가 약해진다. 그러므로 약속은 꼭 지켜야 한다." 신실한 설교자 찰스 스펄전은 "약속으로 배가 채워지지 않는다. 약속은 태산처럼 해 놓고 실천은 두더지 둔덕만큼만 한다."라고 말했다. 즉 약속하는 것보다 약속을 이행하는 것이 더 중요하다는 뜻이다.

우리가 살아가는 사회에는 지켜야 할 정해진 규약과 규칙들이 있어서 이를 위반한 사람들은 적절한 제재를 받는다. 또한 사람들은 개인 간에 혹은 집단 사이에서 여러 가지 약속들을 주고받으며 서로의 관계를 발전시켜 나간다. 약속은 그 사람의 인격을 말해 준다. 캐나다의 한 선교사는 약속을 이행하는 것이 얼마나 중요한 것인가에 대해 이렇게 말했다. "약속은 철저히 지켜야 한다. 부채를 갚아야 할 날을 자꾸 연기하면 이자만 더욱 늘게 되고 끝내 갚지 않으면 법정에 서게 되는 죄인이 된다. 이와 마찬가지로 약속을 지키는 것을 자꾸 연기하면 '신용할 수 없는 존재이다.'라는 이자가 커지고 끝내 약속을 어기는 사람은 자신의 인격을 파괴하는 결과를 맞게 된다."

새 언약(New Covenant)

1. 참 성막에서 섬기는 대제사장 예수 그리스도(8:1-6)

『아브람이 크돌라오멜과 그와 함께한 왕들을 쳐부수고 돌아온 후, 소돔 왕이 왕의 골짜기인 사웨 골짜기에서 그를 맞이하러 나왔으며, 살렘 왕 멜기세덱이 빵과 포도주를 가지고 나왔으니, 그는 지극히 높으신 하나님의 제사장이었더라. 그가 아브람을 축복하며 말하기를 "하늘과 땅의 소유주이신 지극히 높으신 하나님의 아브람을 복 주시옵소서. 너의 원수들을 네 손에 넘겨주신 지극히 높으신 하나님을 송축하라." 하니, 아브람이 모든 것의 십일조를 그에게 드리더라』(창 14:17-20).

■ 레위 계열의 제사장 ■	■ 멜기세덱의 계열의 예수 그리스도 ■
사람이 세운 "지상의 성막"에서 섬김	주께서 세우신 "하늘의 참 성막"에서 섬김
땅의 성막 : 하늘의 성막의 "모형"(본보기)	하늘의 성막 : 땅의 성막의 "원형"

<table>
<tr><th>■ 레위 계열의 제사장 ■</th><th colspan="2">■ 멜기세덱의 계열의 예수 그리스도 ■</th></tr>
<tr><td>죄들이 "덮어지고 사해지는" 희생제물을 드림</td><td colspan="2">죄들이 "제거되는" 희생제물을 드림</td></tr>
<tr><td>"반복적으로" 드려야 하는 속죄제물</td><td colspan="2">"단번에 이루어진 영원한" 속죄제물</td></tr>
<tr><td rowspan="3">첫 번째 언약
(히 8:7)</td><td rowspan="3">두 번째 언약
(히 8:7)</td><td>더 좋은 약속들(히 8:6)</td></tr>
<tr><td>더 좋은 언약의 중보자
(히 8:6)</td></tr>
<tr><td>더욱 훌륭한 직분(히 8:6)</td></tr>
</table>

〈하나님께서 거하시는 처소인 "하늘"의 위대한 모형 "성막"〉

(히 8:5; 9:23,24, cf. 대상 28:12)

① 하늘이 "세 개의 하늘들"(첫째 하늘, 둘째 하늘, 셋째 하늘, 고후 12:2)로 구분되어 있듯이, 성막 역시 "세 부분"(뜰, 성소, 지성소)으로 구분되어 있다.

② 둘째 하늘과 셋째 하늘 사이에 거대한 물 층인 "깊음"이 가로막고 있듯이(창 1:2, 욥 26:10; 38:30, 시 148:4, 사 51:10, 계 4:6), 성막의 성소와 지성소 사이에도 "휘장"이 놓여 있다.

③ 셋째 하늘에 "하나님의 보좌"가 있고 그 주위에 "그룹들"이 있듯이(계 4:6-8), 성막 안 지성소에도 언약궤 위에 놓인 "자비석"(하나님의 임재의 장소, 출 25:22) 양옆으로 "그룹들"이 마주 보고 있다.

④ "대제사장"이 일 년에 한 번씩 "짐승의 피"를 가지고 "지성소"로 들어갔

듯이(히 9:7), 대제사장이신(히 8:1) "예수 그리스도"께서는 "그분의 피"로(히 9:12) "하늘 자체"에 들어가셔서(히 9:24) 단번에 영원한 구속을 이루셨다(히 9:12). 대제사장이 "성막에 피를 뿌리는 것"은 예수 그리스도의 "우주적인 피 뿌리심"에 대한 모형이다.

❺ 예수 그리스도께서 십자가에 달려 죽으셨을 때 "휘장"이 위에서 아래로 "둘로 찢어졌듯이"(마 27:51, 막 15:38), 둘째 하늘과 셋째 하늘 사이에 있는 "물 층"(깊음)에도 "틈"이 생겨 셋째 하늘로 들어갈 수 있는 "길"(통로)과 "문"이 열렸다(히 9:8; 10:19,20).

2. 새 언약(New Covenant, 8:7-13)

"Covenant"(언약, 13회 - 히 8:6,7,8,9[2회],10,13; 9:1,4; 10:16,29; 12:24; 13:20)는 "**시대에 따른 하나님의 경륜과 관계된 언약**"이다. "새 언약"은 **예레미야 31:31-37에서** 약속되었고, **히브리서 8:8-12에** 인용되었다.

『**주**가 말하노라. 보라 그 날들이 오면 내가 이스라엘 집과 유다 집과 더불어 새 언약을 맺으리니 **주**가 말하노라. 내가 이집트 땅에서 손으로 그들을 인도하였던 날에 그들의 조상들과 맺은 언약에 따른 것이 아니니, 비록 내가 그들에게 남편이었지만 그들이 나의 언약을 파기하였도다. **주**가 말하노라. 그러나 이것이 내가 이스라엘 집과 더불어 맺을 언약이 되리니 그 날들 이후로 나는 내 법을 그들 속에 두며 그들의 마음속에 기록하여 나는 그들의 하나님이 되고 그들은 나의 백성이 되리라. 그러면 그들은 각기 자기 이웃과 각기 자기 형제에게 말하기를 "**주**를 알라."고 더 이상 가르치지 아니하리니 이는 그들 모두가, 즉 그들 가운데

작은 자로부터 큰 자에 이르기까지 나를 알게 될 것이기 때문이요, 내가 그들의 죄악을 용서할 것이며 그들의 죄를 더 이상 기억하지 아니할 것임이라. 주가 말하노라』(렘 31:31-34).

새 언약을 맺는 "대상"(8,10절)은 "**이스라엘 집과 유다 집**"(환란을 통과한 유대인들)이다. 그리고 새 언약이 맺어지는 "시기"(8절)는 "**미래의 재림 때**"로서, 하나님께서 이스라엘을 회복시키시고 백성의 죄를 더 이상 기억하시지 않을 때이다(렘 31:34, 히 8:12). 새 언약의 "특징"은, 조건적이고 일시적인 모세의 언약(8,9절)과 달리 무조건적이고 영원하다. 새 언약의 "**구체적인 내용**"(10-12절)으로는 첫째, 돌판(율법, 십계명, 첫 언약)이 아닌 "**마음에 기록된**" 율법이라는 점이다(10절). 둘째로 **하나님과 백성의 관계를 재확인하고 더욱 공고히 한다**(10절)는 점도 있는데 이것은 첫 언약 때도 동일했으나 이스라엘 백성들이 그것을 파기했었다(9절). 세 번째는 **더 이상 주를 전파하지 않는다**(11절, 렘 31:34). 이 언약이 맺어지면, 더 이상 주를 알라고 가르치지 않을 것이고 예언들도 멈추게 된다. 그날에 예언하면 거짓 선지자로 간주되어 저주를 받아 죽게 된다(슥 13:3). 네 번째로 **그들의 죄들과 불법들이 기억되지 않고 이스라엘이 완전히 회복된다**(12절, 롬 11:25-27).

■ 새롭게 깨달았거나 적용할 내용이 있다면 적어 보세요. ■

제2과
복습문제

1. 땅의 성막은 하늘의 참 성막의 (   )이다.

2. 『그들에게서 허물을 발견하고 그가 말씀하시기를 "보라, 그 날들이 오리라. 주가 말하노라. 내가 이스라엘 집과 유다 집과 더불어 (   )을 맺으리라』(히 8:8).

3. 예수 그리스도께서는 (   )의 계열에 따른 대제사장으로 오셨다.

4. 언약(Covenant , Testament)은 "시대에 따른 하나님의 경륜과 관계된 인약"이다.

5. 새 언약(New Covenant)의 특징은, 조건적이고 일시적인 모세의 언약(히 8:8,9)과는 달리 무조건적이고 영원하다. (O , X)

■ 새롭게 깨달았거나 적용할 내용이 있다면 적어 보세요. ■

NOTES

제3과

두 개의 "새 언약" Ⅱ

(9장)

『이런 연유로 그는 새 언약의 중보자이시니, 이는 첫 언약 때에 범죄한 것들을 구속하시려고 죽으심으로써 부르심을 받은 자들로 그 영원한 유업의 약속을 받게 하시려는 것이라』(히 9:15).

새언약(New Testament)

1. 속죄일과 예수 그리스도의 피(9:1-14)

1) 성막의 구조와 "**속죄일의 금향로 위치**"를 통해 알 수 있는 사실(1-10절)

■ 지성소(둘째 성막) ■		■ 성소(첫째 성막) ■
대제사장이 "**일 년에 한 번**" 피를 가지고 들어감		제사장들이 "**언제나**" 들어감
"금으로 싼 언약궤" • 만나를 담은 금항아리 • 아론의 싹 난 지팡이 • 언약의 돌판들	"자비석" "영광의 그룹들" "**금향로**"	"금촛대" "차려 놓은 빵과 상" "**금향로**"와 "**금향단**"(금제단)

첫째로 "금향단"에 관한 언급이 없다는 사실과 **그 대신에 언급된 "금향로"가 성소에 있지 않고 지성소 안으로 들어와 있는 것으로 묘사되었다는 사실**을 주목해야 한다. 이것은 대제사장이 일 년에 한 번씩 제단에서 숯불을 "**금향로**"에 가득 담고 자신의 손에는 향기로운 향을 가득 들고(레 16:12,13) 휘장 안, 곧 **지성소로 들어갔던 "속죄일"의 상황을 보여 주는 것이다**(레 16장).

두 번째로 주목할 부분은 첫째 성막, 곧 모세의 율법에 따라 땅의 성막이 서 있는 동안에는 "**지성소로 들어가는 길이 나타나지 않았다는 사실**"을 보여 준다는 점이다(8절). 이는 그것이 "**현재를 위한 모형**"이었기 때문이다(9절). 모형이었기에 예물들과 희생제물을 드려도 양심에 관해서는 섬긴 자를 온전케 할 수 없었다(9절, 출 34:7).

첫째 성막과 관련된 예배(구약의 규례들)는 먹는 것, 마시는 것, 여러 가지 씻는 것과 육신의 율례들에 근거한 것인데, 이것들은 모두 "개혁의 때"까지만 부과된 것으로서(10절) 그때가 이르면 효력을 잃게 된다. 여기서 개혁이란, 옛 언약, 옛 제사, 옛 제물, 옛 피, 구약의 낡은 제도들에 대한 개혁을 말한다. 따라서 "개혁의 때"는 "초림 당시 주 예수 그리스도께서 온전한 제물로 드려지는 때"를 의미한다. 이렇게 예수 그리스도의 단번 속죄로 인해 옛것은 개혁되었고, 그동안 나타나지 않았던 지성소로 들어가는 길이 활짝 열리게 되었다.

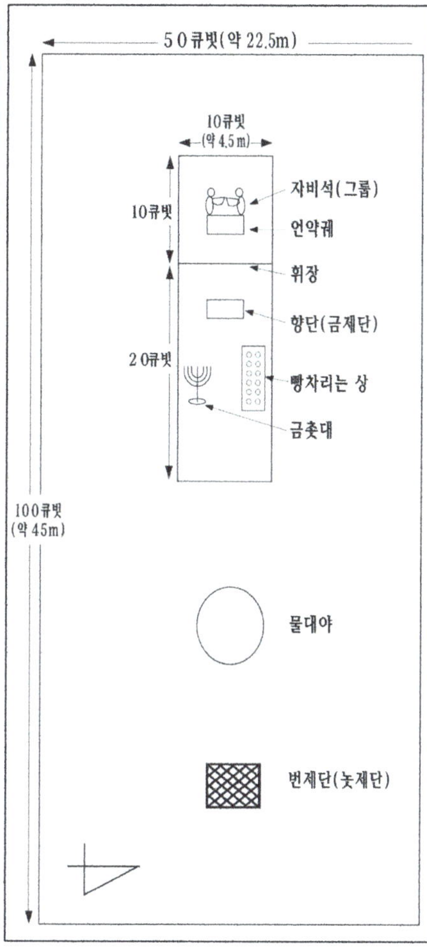

2) "예수 그리스도의 피"(11-14절)

『그러나 그리스도께서는 다가올 선한 것들의 대제사장으로 오셔서, 손으로 짓지 아니한, 곧 이러한 건물이 아닌 더 크고 더 온전한 성막을 통하여 염소와 송아지의 피로 아니하고 오직 자신의 피로 한 번 성소에 들어가셔서 우리를 위하여 영원한 구속을 이루셨느니라』(히 9:11,12).

"하늘들에 있는 것들"은 더 좋은 희생제물들인(9:23) 예수 그리스도의 피로 정결케 되어야 했기에, **대제사장이신 예수 그리스도께서는 자신의 "피로"(by his own blood, 12절) "참된 성소"인 "하늘 자체"에 들어가셨다**(9:24).

예수 그리스도의 보혈은 "하나님의 피"이다(행 20:28). 육체의 생명은 피에 있으므로(레 17:11,14), 예수님께서 흘리신 보혈의 능력은 하나님의 영원한 생명의 능력 있는 피이다. 따라서 갈보리 십자가에서 흘려진 피의 물리적인 성분들은 마르고 없어져 버렸을지라도, 그 능력은 영원하여 지금도 우리의 죄들을 씻을 수 있도록 뜨겁게 흐르고 있다! 우리 자신을 모든 죄와 세상과 마귀와 관련된 오염에서 씻고 정결하게 하려면 예수 그리스도의 보혈을 적용하고 주장해야 한다! 『**하물며 영원하신 성령을 통하여 흠 없는 자신을 하나님께 드린 그리스도의 피가 어찌 죽은 행실에서 너희 양심을 정결케 하여 살아 계신 하나님을 섬기게 하지 못하겠느냐?**』(히 9:14) 예수 그리스도의 보혈은 그리스도인들의 거룩한 삶과 영적 전쟁의 승리에 있어서 없어서는 안 될 필수 요소이다. 당신은 예수 그리스도의 보혈을 통해 마귀를 대적하여 승리하는 삶을 살고 있는가?

2. 새 언약(New Testament, 9:15-26)

"Testament"(언약, 히 7:22; 9:15[2회],18,20)는 "유언"과 "언약" 두 가지 의미가 있으며, "**피로 맺은 언약**"을 의미한다.

이것은 **물리적인 왕국이 거부되고 연기되면서 등장한 언약이다**. 즉 유대인들이 그들의 메시아와 왕국을 거부함에 따라 왕국의 도래가 연기되었고, 천국이 신비적인 형태로 감추어지는 교회 시대가 펼쳐졌는데, **하나님의 영적인**

통치가 나타나는 시대에 걸맞은 언약이 필요했으니, 그것이 곧 "새 언약"이다(마 26:27,28).

이 언약은 왕국이 연기되면서 나타난 피로 맺은 새 언약이기에 유대인들뿐만 아니라 주 예수 그리스도를 구주로 믿는 이방인들에게까지 해당한다.

언약의 목적은 첫 언약 때에 범죄한 것들을 "구속하시기" 위함이다(15절). 첫 언약 때에는 죄들이 용서만 되고 양심을 정결케 하지 못했기에 반복적으로 피를 흘려야 했다. 그러나 새 언약 안에서는 양심까지 온전케 할 수 있기에 예수 그리스도의 피가 계속 흘려질 필요가 없다. 왜냐하면 이것은 죄를 용서하되 죄를 제거하는 용서이기 때문이다(엡 1:7, 골 1:14).

유언한 자의 죽음이 따라야 효력이 발생하는 언약이다(16-21절). 곧 유언하신(마 26:27,28) 예수 그리스도께서 죽으신 이후에야 비로소 "새 언약"(New Testament)이 효력을 발휘할 수 있었고 피 흘림이 없이는 죄 사함이 없는 언약이다(22절). 또한 단번 속죄를 통해 영원한 구속을 이루신 언약으로써, 예수 그리스도께서는 그 새 언약의 피를 흘리신 이후 바로 그 하늘 자체에 들어가셔서 하나님의 면전에 나타나 계신다(23-26절). 『그리하면 세상의 기초가 놓인 이래로 그가 여러 번 고난을 당하셨어야 될 것이지만 이제 그는 자신을 희생제물로 드려 죄를 없애시려고 세상 끝에 한 번 나타나셨느니라』(히 9:26).

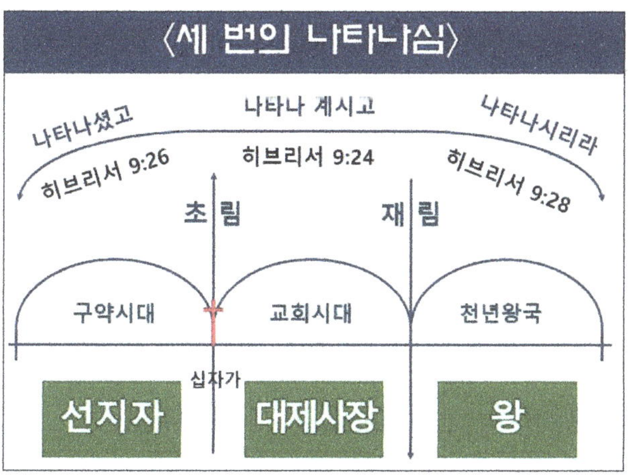

3. 결론

> 『한 번 죽는 것은 사람들에게 정해진 것이고 그 뒤에 심판이 정해진 것같이』(히 9:27).

이 구절과 관련하여 예외가 있으니, 즉 "에녹"과 "모세"와 "엘리야"이다. "에녹"은 대환란 전에 "휴거되는 그리스도의 몸의 예표"이고, "모세"는 대환란 때 죽으나 "부활해서 천년왕국에서 살다가 다시 죽을 환란 성도들의 예표"이다. [이러한 환란 성도들에 대해서는 모세뿐만 아니라 야이로의 딸, 나인성 과부의 아들, 유두고, 나사로, 요나, 도르카, 수넴 여인의 아들 등도 예표가 되는데, 이들 모두 두 번 죽은 사람들이기 때문이다.] 그리고 "엘리야"는 "대환란이 끝날 때 살아서 휴거되어(환란 후 휴거) 천년왕국에서 살다가 죽을 환란 성도들의 예표"이다.

> 『그리스도께서도 많은 사람의 죄들을 담당하시려고 한 번 드려지셨고, 두 번째는 자기를 바라는 자들을 구원에 이르게 하시려고 죄 없이 나타나시리라』(히 9:28).

환란 후 휴거, 곧 대환란을 통과하면서 믿음을 인내로 지킨 환란 성도들의 휴거에 적용된다(마 24:29-31; 25:1-10; 5:8, 히 12:14). 또한 주님께서 지상에서 다스리시는 천년왕국 기간에 악한 자들은 주님의 얼굴을 뵙지 못한다는 사실에도 적용할 수 있다(사 26:9,11, 슥 14:16,17). 예수 그리스도께서 두 번째로 나타나실 때는 『**죄 없이**』 나타나실 것이라고 말씀하는데, 이것은 초림 때 주님께서 나타나셨을 때는 그분 자신의 죄가 아닌 다른 사람들의 죄들을 담당하셨음을 의미한다.

제3과
복습문제

1. 『이런 연유로 그는 ( )의 중보자이시니, 이는 첫 언약 때에 범죄한 것들을 구속하시려고 죽으심으로써 부르심을 받은 자들로 그 영원한 유업의 약속을 받게 하시려는 것이라』(히 9:15).

2. 『그러나 그리스도께서는 다가올 선한 것들의 대제사장으로 오셔서, 손으로 짓지 아니한, 곧 이러한 건물이 아닌 더 크고 더 온전한 성막을 통하여 염소와 송아지의 피로 아니하고 오직 자신의 피로 한 번 성소에 들어가셔서 우리를 위하여 영원한 ( )을 이루셨느니라』(히 9:11,12).

3. 『그리스도께서도 많은 사람의 죄들을 담당하시려고 한 번 드려지셨고, 두 번째는 자기를 바라는 자들을 구원에 이르게 하시려고 죄 없이 나타나시리라』(히 9:28). 이 구절은 교회 시대 그리스도인들의 휴거에 적용된다. (O , X)

4. 예수 그리스도의 보혈은 "( )의 피"이다(행 20:28).

5. "Testament"(언약)은 "유언"과 "언약" 두 가지 의미가 있으며, ( )로 맺은 언약을 의미한다.

■ 새롭게 깨달았거나 적용할 내용이 있다면 적어 보세요. ■

NOTES

제4과
재림의 문턱에 선 환란 성도(10장)

『조금 있으면 오실 이가 오시리니 지체하지 아니하시리라. 이제 의인은 믿음으로 말미암아 살리라. 그러나 누구라도 뒤로 물러나면 내 혼이 그를 기뻐하지 아니하리라』(히 10:37,38).

믿음과 행위가 요구되는 대환란 기간

히브리서 10장에서는 히브리서 8,9장에 이어 대제사장으로서의 예수 그리스도의 사역이 강조되고 있다. 예수님께서는 자신을 희생제물로 드려 죄를 없애셨다(9:26). 그러므로 십자가 사건 이후로는 죄들을 위한 희생제사가 더는 필요 없게 되었다. 그래서 주님께서는 예수 그리스도께서 단번에 이루신 속죄를 믿는 사람들에게 『**그들의 죄들과 불법들을 다시는 기억하지 아니하리라.**』(10:17)라고 말씀한다. 그러나 히브리서의 교리적인 배경인 대환란 기간에는 이러한 믿음에 "고난의 큰 싸움"을 인내로 견디는 행위가 요구된다. 만약 믿음을 행위로 지키지 못하고 뒤로 물러나게 되면, 『**만일 내가 나의 번쩍이는 칼을 갈고 내 손이 심판을 쥐면, 내가 내 원수들에게 복수하며 나를 미워하는 자들에게 보응하리라. 내가 내 화살들로 피에 취하게 할 것이요, 내 칼이 살해된 자와 포로된 자의 피와 더불어 육체를 삼키리니, 원수에게 복수를 시작함부터라.**』(신 32:41,42)라고 대적하는 자들을 향해 퍼부으실 하나님의 맹렬한 분노를 그들과 함께 받게 될 것이다.

반복된 희생제사와 영원한 희생제사

1. 반복해서 드리는 희생제사(1-4절)

하나님께서는 구약에서 율법에 따라 동물들의 피를 통하여 자비를 베푸셨다.

그러나 동물들이 흘리는 피는 죄들을 제거하는 것이 아니라 덮어 두기만 할 뿐이었고, 형벌을 면제하기만 할 뿐이었다(1,2절, 출 34:7). **"형상"(image)이란 말은 어떤 것에 대한 분명한 실체를 말한다**(1절; 1:3, 고후 4:4). 율법은 다가올 선한 것들에 대한 실체가 아니라 그림자이고 모형이다. 실체가 아닌 모형으로서는 영원한 대속, 즉 진정한 속죄를 이룰 수 없다.

예수 그리스도의 피는 죄인들의 양심까지도 정결케 한다. 그러므로 그리스도인은 예수 그리스도의 보혈을 의지하여 이미 자백한 죄들에 대해서는 죄책감에 사로잡혀 있을 필요가 없다(9:14, 요 1:29, 요일 1:7-9). 그런데 양심을 정결케 하는 예수 그리스도의 피를 의지하지 않는다면, 자기 자신의 행위를 의지할 수밖에 없게 된다. 이것은 분명한 실체를 두고 그림자를 붙잡는 어리석은 행위에 불과하다. 그럼에도 불구하고 행위를 내세우는 어리석은 집단들이 많으며, 대표적인 집단으로 로마카톨릭이 있다.

2. 죄인들을 영원히 온전케 하시는 예수 그리스도의 희생제사(5-14절)

하나님은 제사에 관한 상세한 규례들을 율법에 두셨다. **하지만 구약의 번제와 희생제로는 인간의 죄를 궁극적으로 해결할 수가 없기 때문에, 죄로 인한 번제들과 희생제들을 기뻐하지 않으신다**(시 40:6-8). **그래서 하나님의 아들이신 예수 그리스도가 하나님께서 기뻐하시는 유일한 제물로 드려지기 위해 인간의 육신을 입고 오셨고 제물로서 바쳐지셨다**(5절, 요 1:29, 마 3:17). 그리고 주님께서는 성도가 합당하게 드리는 향기로운 제물을 기뻐하신다(잠 15:8, 암 4:4,5, 사 1:11-15). 『**주께서는 희생제물과 예물을 바라지 아니하시고 나를 위하여 한 몸을 예비하셨도다.**』라는 5절 말씀은 예수 그리스도께서 제물이 되셨다는 것을 강조하고 있다. 이는 시편 40편의 예언을 조금 바꾸어서 인용한 것으로서, 시편 40:6에서는 『**주께서는 희생제와 예물을 바라지 않으시고 주께서**

내 귀를 열어 주셨으며』라고 말씀하고 있다.

시편 40:6의 말씀은 예수 그리스도의 종 되심을 강조하고 있다. 예수 그리스도께서 아버지의 뜻을 행하기 위해 오셨을 때, 예수님께서는 그의 주인을 사랑하는 종으로서 오신 것이다(7절, 출 21:5,6, 엡 6:6,7, 딤전 6:1,2, 사 50:5).

출애굽기 19-21장에서 이스라엘 자손과 맺으신 옛 언약(율법)을 폐하시고, 자신을 희생제물로 드리시어 두 번째 것을 세우셨다(9절, 7:18, 롬 10:4). 주 예수 그리스도께서는 레위 계열이 아닌 멜기세덱의 계열을 따른 대제사장으로 오셔서(6:20) 새로운 속죄를 이루셨다. 그렇게 하심으로써 율법에 명시된 제사와 제사장 직분에 관한 것이 폐기된 것이다(마 5:17,18).

예수 그리스도의 희생의 피는 구약의 제사장들이 매일 서서 섬기며 똑같은 제사를 자주 드려도 결코 제거할 수 없었던 죄들을, 단 한 번에 영원히 정결케 하셨다(11,12절). "하나님의 오른편에 앉으셨다"는 것은 제물을 바치시는 그분의 사역이 "끝났음"을 의미한다(요 19:30). 하지만 첫 언약 아래서는 "끝난 것"은 아무것도 없었다. 제사장들 중 어느 누구도 그들의 일에서 쉴 수 없었다.

이중적 의미의 새 언약(New Covenant)

1. 교회 시대에 영적으로 적용되는 새 언약(15-23절)

"새 언약"(New Covenant)은 교리적으로 천년왕국 때 유대인에게 적용된다. 히브리서 8:8-12에서 언급된 "새 언약"(New Covenant)이 16,17절에서도 다루어지는데, 8장과는 달리 "이스라엘 집"이나 "유다 집"에 대한 언급이 없다. 그뿐만 아니라 『**그들이 자기 이웃이나 형제에게 일일이 가르쳐 주를 알라고 하지 아니하리니, 이는 그들이 가장 작은 자로부터 가장 큰 자에 이르기까지 다 나**

를 알게 될 것이기 때문이라.』라고 예언을 금지하는 8:11의 말씀도 인용되지 않았다. **이는 "새 언약"(New Covenant)이라는 말이 이중적인 의미를 가지고 있기 때문이다.**

그분의 백성들의 죄들과 불법들을 기억하지 않으시는 것은 교회 시대의 그리스도인들이나 천년왕국 때의 유대인들이나 모두 마찬가지이다(17,18절). 교회 시대의 그리스도인들은 예수 그리스도의 피로 모든 죄와 불법이 용서된다(갈 3:13, 골 1:14). 이스라엘 민족은 대환란이라는 심판을 통과하면서 자기들의 죄를 해결한 후 천년왕국 때에 완전히 용서된다.

성막의 휘장은 예수 그리스도의 찢긴 몸을 상징한다(20절). 예수 그리스도의 몸이 창에 찢겼을 때 성막의 휘장도 찢겨졌다(요 19:34, 마 27:51). 예수 그리스도께서 십자가 위에서 찢기심으로써 성도들이 거룩하신 하나님의 임재 앞에 직접 나아갈 수 있게 되었으며, 셋째 하늘에 들어갈 수 있는 문도 마련되었다(요 10:9). 셋째 하늘과 둘째 하늘을 가르는 거대한 물 층을 통과하는 문이 열렸다(9:8,24).

예수 그리스도의 피는 그것을 신뢰하는 사람들의 양심을 깨끗하게 한다(2,22절). 그뿐만 아니라 모든 더러움에서 스스로를 성결하게 하여 "거룩함"을 유지하게 한다(고후 7:1, 빌 2:12).

환란 성도들이 받는 고난의 큰 싸움

1. 끝까지 굳게 붙들어야 할 믿음의 고백(23-31절)

대환란 기간에는 성령의 동참자가 된 사람들이 믿음을 끝까지 붙들지 않으면 그리스도께 참여한 자가 되지 못하고 떨어져 나가 다시는 회복되지 못한다

(23절; 3:14; 6:4-6).

사랑과 선행을 격려하는 것이 구원의 요소가 된다(24,25절). 가난한 자들은 불쌍한 자들로 여겨지지만, 부자들은 저주를 받는다(약 2:1-8; 5:1-7, 시 10,35, 37,72,74편, 욥 20,21,24장 등). 가난하고 병든 사람을 돕는 선행을 통해 구원을 받는다(마 25:36-39).

히브리서에서 나오는 "마지막 날들"이라는 말은 환란 시대를 가리킨다. 바울서신에서도 "마지막 날들"이라는 표현이 나오지만, 그것은 교회 시대의 마지막을 가리킨다. 대환란의 극심한 고통의 날들은 교회 시대의 마지막 때부터 준비되고 진행되기 시작한다. 그래서 믿음의 고백을 굳게 붙들고, 사랑과 선행을 격려하며, 모이는 것을 권면하고 힘쓰라는 히브리서 10:23-25의 말씀은 그리스도인들이 지켜야 할 교훈으로도 적용할 수 있다.

끝까지 견디어야 한다. 대환란 중에 히브리인들은 적그리스도에 의해 예루살렘에 있는 제단에서 희생제물로 바쳐질 것이다(계 11:1-4). 모세와 엘리야의 사역에 의해 그들이 그리스도를 신뢰한다면 그의 피에 의해 "거룩하게 될" 것이다(29절). 하나님을 배반하지 말고 그분에 대한 믿음을 행위로 끝까지 지키라는 내용인 "모세의 노래"가 불릴 것이다(계 15:3, 신 32장). "고의로 짓는 죄"는 모세의 율법을 어기는 것이라기보다는 성령을 모독한 죄라고 하는 것에 더 가깝다(29절).

죄에 대한 지속적인 경고에도 불구하고, 대환란 기간에 하나님의 백성들은 이러한 죄들을 범할 것이다(단 11:32-35, 히 3:6,14; 6:1-6, 계 14:9-12; 13:8-11). 끝까지 견디지 못하거나 짐승의 표를 받거나 구원받기 위한 행위를 견지하지 못한 자들은 살아 계신 하나님의 손 안으로 떨어질 것이다(마 24:9-13, 신 32:41,42). 『**살아 계신 하나님의 손 안으로 떨어지는 것은 두려운 일이라**』(히 10:31).

하나님을 대적하는 자들과 함께 불태워지게 될 것이다(말 4:1-3). 하지만 반대로 그리스도인에게는 "살아 계신 하나님의 손"보다 더 좋은 장소는 없다(요 10:28,29, 고전 12:18-27).

2. "조금 있으면 오실 이가 오시리니 지체하지 아니하시리라"(37절)

비방, 구경거리, 재산을 빼앗기는 것 등 그리스도인이 된 후에 겪는 "고난의 큰 싸움"은 상급과 유업과 관련이 있다. 지상에 있는 것을 더 사랑하고 믿음을 버리면 하늘에서의 상급을 빼앗기게 된다. 지상에 있는 것을 사랑하지 않고 "더 좋고 영구한 재산"을 위해 고난을 견디면 하늘에 더 큰 상을 쌓게 된다.

그러나 환란 성도들에게 "고난의 큰 싸움"은 구원과 결부되어 있다. 다른 사람을 위해 고난받는 것, 다른 사람의 고난에 동참하는 것, 자신의 재산을 팔아서 가난한 자들에게 나누어 주는 형제 사랑의 행위 등은 이들에게 선택이 아니라 구원을 위해서 반드시 해야만 하는 필수적인 행위들이다(약 2:15-17; 2:5,6, 욥 27:19-22; 20:15,16,19; 22:6,7,9, 마 25:35,36). 또한 인내가 필요하다(36절, 약 1:4; 5:11). 그리고 환란 시대에도 의인은 반드시 믿음으로 살게 되지만, 떨어져 나가면 다시 새롭게 하여 회개시킬 수 없게 된다(6:6). 믿음으로 얻은 구원을 인내로 끝까지 지켜 나가야 하는 것이다.

■ 새롭게 깨달았거나 적용할 내용이 있다면 적어 보세요. ■

제4과
복습문제

1. 구약에서 드려진 동물들의 피는 실체는 아니지만, 하나님의 율법에 따라 드려진 것이기 때문에 죄들을 제거하는 제사였다. (O , X)

2. 양심을 정결케 하는 그리스도의 피를 의지하지 않고 자신의 행위를 의지하는 것은 분명한 실체를 두고서도 그림자를 붙잡는 어리석은 행위에 불과한데, (   )이 그렇게 하는 대표적인 종교 집단이다.

3. 하나님께서 기뻐하시는 유일한 제물로 드려지기 위해 인간의 육신으로 오셔서 제물이 되신 분은 누구인가? (   )

4. 예수 그리스도의 피는 그것을 신뢰하는 사람의 (   )을 깨끗게 한다(히 10:2,22). 이뿐만 아니라 모든 더러움에서 스스로를 성결하게 하여 (   )을 유지하게 하는 능력이 된다.

5. "마지막 날들"은 히브리서에서는 (   )를, 바울 서신에서는 (   )의 마지막을 "마지막 날들"이라고 묘사하고 있다.

6. 믿음으로 인해 닥친 고난을 견디지 못하고 믿음에서 떨어져 나가면 구원을 잃어버리게 된다. 그것은 교회 시대나 환란 시대나 모두 동일하다. (O , X)

■ 새롭게 깨달았거나 적용할 내용이 있다면 적어 보세요. ■

NOTES

NOTES

제5과

구약 성도들의 삶 속에 발휘된 믿음(11장)

『그러나 믿음이 없이는 하나님을 기쁘시게 할 수 없나니, 하나님께 나아가는 자는 그분이 존재하시는 것과 그분이 자기를 열심히 찾는 자들에게 보상하는 분이심을 마땅히 믿어야 하느니라』(히 11:6).

믿음, 보이지 않는 것들에 대한 증거

히브리서 11장은 구약 성도들의 삶 속에 발휘되었던 믿음을 다루고 있다. "믿음"은 보이는 것이 아니다. 만져 볼 수 있는 것도 아니다. 이처럼 믿음은 보이지 않고 만질 수도 없지만, 분명한 사실을 우리에게 확증한다. 먼저 예수 그리스도께서 나의 죄로 인해 나를 대신해서 죽으신 것은 사실이다. 예수 그리스도께서 장사되셨다가 사흘 만에 죽은 자들로부터 다시 살아나신 것 또한 사실이다. 이 모두가 분명한 사실이며 실제로 일어났던 일이다. 우리가 믿든지 안 믿든지 간에 하나님의 말씀은 그 자체가 사실이다. 그리고 우리가 믿을 때 그 사실이 우리에게 확증이 된다. 믿음을 통해 성도는 고난과 시련 가운데서도 하나님의 사랑을 보게 된다. 믿음을 통해 성도는 무질서와 혼란만 가득 찬 현 세상에서도 섭리 가운데 역사하시는 하나님의 손길을 보게 된다. 믿음을 통해 성도는 먼 나라 동화 속 이야기처럼 들리는 소망을 마치 눈앞에 보고 있는 것처럼 붙잡을 수 있게 된다.

좋은 평판을 얻는 실제적인 믿음

1. 구약 성도들의 믿음

믿음은 모든 세대에 걸쳐 모든 성도들이 갖추어야 할 실제적인 요소이다. 그러나 이 믿음에서 제외되는 예외적인 시대들이 있는데, 바로 인간이 타락하기 이전 시대와(창 1,2장) 예수님께서 재림하신 이후(계 20-22장)인 천년왕국과 영원시대이다. 히브리서 11장에서 열거된 구약 성도들의 믿음은 하나님께서 그들에게 하라고 말씀하셨던 "무언가를 행하는 것"이 수반되는 믿음이었다. **즉 믿음과 행위가 요구되는 것이다**. 히브리서 11장에 소개되고 있는 원로들은 이것을 통해(믿음과 행위) 좋은 평판을 얻었다. 하지만 교회 시대에 구원받기 위한 유일한 방법은 "예수 그리스도께서 나를 위해 행하신 그 일"만을 신뢰하는 것뿐이다(요 6:29, 고전 15:1-4).

어떠한 고난과 역경 가운데서도 하나님과 그분의 모든 말씀을 믿고 신뢰하는 것, 이것이 하나님을 기쁘시게 한다. 하나님께서는 성도들의 믿음을 통해 그들을 받으시고 또 보호하신다(요일 4:4; 5:4, 롬 8:35-37). 이러한 믿음이 없이는 하나님에 관하여 어떠한 해답이나 도움도 얻을 수 없다(6절). 헤롯은 예수님께로부터 어떤 이적도 구할 수 없었다(눅 23:8,9). 빌라도 역시 예수님께로부터 진리에 관해 답을 얻을 수 없었다(요 18:38). 바리새인들과 사두개인들은 표적을 구했지만 예수님께서는 그들에게 어떠한 표적도 보여 주시지 않으셨다(마 12장).

하나님께서는 그분의 존재를 믿지 않는 죄인에게는 어떠한 응답도 하지 않으신다. 단지 그들을 "어리석은 자들"이라고만 말씀하신다(시 14:1, 겔 14:1-14). **하나님께서는 자기를 열심히 찾는 자들에게 보상하는 분이시다**. 믿음으로 순종한 구약 성도들에게는 아브라함에게 약속하셨던 땅을 보상으로, 이 시대의 그리스도인들에게는 풍성한 교제와 기도에 대한 응답으로, 그리고 코넬료처럼 구원을 갈망하는 이들에게는 영원한 생명으로 갚아 주신다.

2. 좋은 평판을 얻은 원로들

아벨이 피로 드린 제사는 이후에 율법을 통해 확정되었다(레 17:11). 이 피는 하나님의 어린양께서 십자가 위에서 흘리신 피의 모형이 된다. 아벨의 제물은 받아들여졌고, 그는 의로운 자라는 증거를 받았다(마 23:35, 판 13:20, 대상 21:26, 레 9:24).

에녹은 거듭나지 않았고 아담의 형상을 입은 사람이었지만(롬 8:8), 죽지 않고 셋째 하늘로 옮겨짐으로써 하나님을 기쁘시게 했다는 증거를 지녔다(유 1:14,15).

노아는 온 세상을 물로 심판하실 하나님을 두려워했다(잠 1:7, 욥 28:28). 노아는 이 두려움을 통해 하나님의 명령에 순종했고, 그 결과 의가 그에게 전가되었다(7절, 벧후 2:5). 하나님께서는 예수 그리스도를 믿지 않고 대적한 모든 자들을 심판하실 것이다(10:31, 계 20:15). 그리스도인은 범죄에 대해 징계하시고, 그리스도의 심판석에서 우리의 잘못된 섬김을 불 가운데서 태워 버리실 주님을 두려워해야 한다(고전 11:32; 3:13-15).

아브라함은 하나님께서 "보여 주실 땅"으로 하나님의 약속에 따라 무작정 길을 떠났다. 어디로 가야 하는지 모르고 어떠한 위험이 따를지 어떠한 일이 벌어질지 예측할 수 없었지만, 하나님만을 신뢰하고 떠났다. 그리고 그가 그 땅에 들어갔을 때 하나님께서는 여러 번에 걸쳐 그 땅을 그와 그의 씨에게 주겠다는 약속을 하셨다(창 13:15; 15:18-21; 17:8).

아브라함이 기다린 도성(10절)은 새 예루살렘이 아니다. 이 성읍은 천년왕국에서 이스라엘이 받을 유업의 땅 중간에 세워질 성읍으로 "주께서 거기 계시다."라고 불리게 될 것이며 면적은 약 167km^{2}이다(겔 48:35). 그에 비해 새 예루살렘은 3,900km^{2}인데 이것은 팔레스타인 땅 전체와 이집트에서 그리스까지 지중해의 절반을 덮어 버리는 넓이이다(계 21:16).

아브라함의 씨로 번성하게 되는 세 부류의 사람들은 다음과 같다. "영적인 씨"로서 예수 그리스도를 믿는 믿음으로 아브라함의 영적인 자손들이 된 그리스도인들(갈 3:16; 4:28-31, 창 15:5)과 "문자적인 씨"로서 육신에 따른 아브라함의 자손들인 유대인들(창 32:12), 그리고 "이스마엘을 통한 후손들"(창 13:16)이다.

아브라함은 이삭을 제물로 바치더라도 하나님께서 모든 약속을 이어받을 "약속의 아들"인 이삭을 "부활시키실 것"이라는 믿음을 가지고 이삭을 제물로 드렸다. 이것은 예수 그리스도께서 죽은 자들 가운데서 부활하시는 것에 대한 모형이었다(요 8:56).

구약 성도들 모두가 아브라함처럼 약속을 받지도 못했고 또 그들의 조상에게 주신 약속을 성취 받지도 못했다. 그러나 그들은 이 약속들을 확신하고 소중히 간직하였다. 대부분의 사람들이 그 약속을 바라만 보다가 죽었지만, 그 약속을 기다리는 일에서는 신실했다. 이들은 하나님의 약속들을 믿는 믿음 안에서 죽은 것이다. 그러한 믿음 때문에 그들은 자신들을 타국인이요 순례자라고 고백했다(창 20:13; 25:23, 시 39:12, 히 13:12-14). 그리스도인은 주님께서 더 좋은 본향, 즉 하늘에 있는 도성인 새 예루살렘으로 데려가시겠다는 약속이 성취될 때까지 이 땅에서 타국인이요, 순례자로 사는 것이다(골 3:1,2, 계 21,22장).

이삭은 아직 보지 못한 것(아브라함에게 주신 약속)을 믿음으로 야곱에게 축복했다(창 28:1-4). 야곱은 아브라함과 이삭에게 주신 하나님의 약속을 자기 자신에게 두었으며, 믿음으로 에프라임과 므낫세에게도 두었다(창 48:16).

이집트는 세상과 죄의 유형이다. 하나님께서 요셉의 뼈를 하나도 이집트 땅에 남겨 두시지 않은 것처럼, 자신의 백성인 이스라엘을 그 땅에서 분리해 나오게 하셨으며, 그분의 아들인 예수 그리스도도 이집트에서 불러내셨다(마 2:15). 요셉의 뼈들이 출애굽할 때 옮겨져 홍해를 건넌 것은, 산 자와 죽은 자가 함께 휴거되는 것의 모형이 된다.

모세는 광야로 가기 전에 이미 왕궁과 파라오의 딸과 그의 친구들과, 또 그에 속한 모든 영예를 버렸다. 백성들과 같은 노예 상태로 들어갔던 것이다. 그리스도께서 피 흘리기까지 죄와 싸우셨던 것처럼 그도 "믿음으로" 고난을 선택한 것이다(히 12:3,4). 신약의 사도들 역시 그리스도를 위해 모욕받는 것을 기뻐했다(행 5:41). 모세는 하나님을 보는 것처럼 두려워하고 신뢰하였다. 그 믿음으로 이스라엘 온 백성을 이끌고 이집트를 떠났다(출 14:13,14). "잠시 동안 죄의 낙을 누리는 것"의 결과는 죽음이며 지옥이다(잠 23:32; 14:12; 7:27, 전 8:11).

이스라엘이 출애굽하기 전 유월절 밤에 문설주에 바른 붉은 피는 예수 그리스도의 피를 예표한다. 창녀 라합이 창문에 매단 붉은 줄(수 2:18) 역시 예수 그리스도의 피와 연관된다. 창녀 라합은 믿음으로써 『**진실로 내가 너희에게 말하노니, 세리들과 창녀들이 너희보다 먼저 하나님의 나라에 들어갈 것이니라.**』(마 21:31)라고 예수님께서 하신 말씀의 모범이 된 것이다.

3. 구약의 죄들을 덮는 신약의 은혜

아브라함은 부분적으로 순종했다. 사라는 하나님의 말씀을 듣고 웃었다. 이삭은 의심했고, 야곱은 거짓말했다. 기드온은 하나님의 명령을 이행하기 이전에 세 번씩이나 의심을 했다(판 6:17,37,39). 바락도 겁을 먹고 드보라가 자기와 함께 동행할 것을 요구했다(판 4:8). 삼손은 여자 때문에 실패한 자였고, 입다는 창녀의 아들이었을 뿐만 아니라 잘못된 서원으로 딸을 죽였다(판 11장).

하지만 입다는 암몬 자손들의 위협에도 에프라임의 도움 없이 하나님을 의지하고 그들과 싸웠다. 그는 암몬 자손들이 요구하는 그 땅을 하나님께서 자신들에게 유업으로 주셨다는 것을 알고 있었고 그것을 지키기 위해 싸웠던 것이다(판 11:15-27; 12:1-3). 기드온, 바락, 삼손, 입다 등은 재판관으로서 외세에 맞서 싸우면서 하나님께서 그들에게 주신 그 "땅"을 지켰다.

<u>비록 그들의 죄가 선명하게 보였지만, 신약에서 그들의 죄는 감추시고 그들의 믿음만을 드러내신 것이다</u>.

4. 실제로 성도들을 이끈 믿음

여호수아, 바락, 기드온, 다윗, 요압, 입다, 칼렙, 웃시야, 요아스, 여호사밧, 르호보암 등은 왕국들을 정복하기도 했다.

미카야(왕상 22장), 엘리야, 여호야다(왕하 11,12장), 솔로몬(왕상 1-3장), 아비가일(삼상 25장) 등 선지서들의 모든 저자들은 의를 이루기도 했다.

아브라함, 이삭, 야곱, 야베스(대상 4:10), 칼렙(수 14:9) 등은 약속들을 받기도 했다.

다니엘(단 6장), 사도 바울(딤후 4:17)은 사자들의 입을 막기도 했다.

사드락, 메삭, 아벳느고는 불의 세력을 소멸시키기도 했다.

다윗(삼상 22-26장), 두 명의 정탐꾼(수 2장), 아비아달(왕상 2:26), 베드로(행 12:1-19)는 칼날을 피하기도 했다.

삼손, 여호수아, 다윗과 그의 용사들, 히스키야 등은 연약함 중에 강하게 되기도 했다.

사무엘상, 역대기상의 기록들에 따르면 전쟁에서 용맹스럽게 되기도 하며 외적들을 패주시키기도 했다.

사르밧 과부(왕상 17:21), 수넴 여인(왕하 4:35), 나인성 과부(눅 7:14,15), 마리아와 마르다(요 11:43)는 죽은 자들을 다시 살려 받았다.

또한 교회 시대엔 고문, 잔혹한 조롱, 채찍질의 시련, 결박, 투옥, 돌로 맞고, 톱으로 켜지고, 시험을 당하고, 살해당하고, 양의 가죽과 염소의 가죽을 쓴 채 유리하고, 궁핍과 고난과 학대를 당하고, 광야와 산속과 동굴과 토굴에서 유리하였다. 이러한 일들은 교회 시대 전반에 걸쳐 일어났던 일로서 〈신약 교회사〉(피터 럭크만)와 〈폭스의 순교사〉(폴 부쉬)에 자세히 기록되어 있다. 이들은 자신들의 주장을 "철회"함으로써 박해들을 면할 수 있었지만, 그들 모두는 "더 좋은 부활"을 바라보며 고난을 견뎌 내었다. 그 결과 믿음을 통하여 "좋은 평판"을 받은 것이다.

구약 성도들에게 주어진 땅에 대한 약속은 여전히 성취되지 못한 채 남아 있다. 성경에서 사람들에게 주어진 여러 가지 약속들 중에서 어떤 것은 개인적인 약속들이지만 대부분 "땅에 대한 약속"이라는 일관된 주제를 이루고 있다.

율법 이전에 아브라함과 그의 씨에게 주어진 약속에는 팔레스타인 땅을 문자적으로 소유하게 된다는 내용이 포함되어 있다(창 12,13장). 율법 아래에서 이스라엘에게 주어진 약속에는 팔레스타인 땅을 문자적으로 소유하는 것과 관련된 내용이 있다.

요한 이후 교회 시대에 주어진 약속에는 교회 시대 성도들에게 팔레스타인 땅을 제외한 나머지 땅을 유업으로 받는다는 약속이 포함되어 있다. "끝까지 견디는" 환란 성도에게 주어지는 약속(히 3-11장) 안에는 팔레스타인 땅을 문자적으로 소유하는 약속이 포함되어 있다.

"더 좋은 부활"(35절), "온전케 되는 것"(40절)은 이 약속과 연관되어 있으며 에스겔 37장의 마른 뼈들이 부활하여 이스라엘 도성으로 들어가는 환상과 연결된다. 이스라엘의 민족적인 회복과 더불어 구약 성도들이 실제로 부활해서 천년왕국에 들어가고, 약속된 안식의 땅인 팔레스타인 땅으로 들어가게 되는 것이다(히 3,4장).

한편 "더 좋은 부활"은 영적으로 그리스도인의 부활에 적용할 수 있다. 예수 그리스도께서 우리의 죄들로 인해 죽으시고 묻히시고 부활하셨다. 그리고 예수 그리스도처럼 우리도 부활할 것이다.

우리는 예수 그리스도의 몸과 같은 몸을 입게 될 것이고, 하늘나라를 소유하게 될 것이다. 어린양의 혼인식에서 예수 그리스도의 신부가 될 것이고, 천년왕국뿐만 아니라 영원세계에 이르기까지 그분과 함께 다스릴 것이다(고전 15:51-54, 골 3:24).

제5과
복습문제

1. (   )은 모든 세대에 걸쳐 모든 성도들이 갖추어야 할 실제적인 요소이다. 그러나 이 (   )에서 제외되는 예외적인 시대들이 있는데, 바로 인간이 타락하기 이전과(창 1,2장) 예수님께서 재림하신 이후인(계 20-22장) 천년왕국과 영원시대이다.

2. 아브라함이 약속을 받고 믿음으로 기다린 도성은 셋째 하늘에 있는 새 예루살렘 도성이다. (O , X)

3. 이스라엘이 출애굽하기 전 유월절 밤에 문설주에 바른 붉은 피와 창녀 라합이 창문에 매단 붉은 줄(수 2:18)은 (   )를 예표한다.

4. 기드온, 바락, 삼손, 입다 등 구약의 인물들은 그들이 죄가 드러났음에도 성령께서는 그것을 덮어 두시고 그들의 믿음을 더 크게 부각시키시고 있는데 이것은 성경 전반에 흐르고 있는 (   )를 보여 주는 것이다.

5. 히브리서 11장에서 말씀하는 "더 좋은 부활"(35절), "온전케 되는 것"(40절)은 (   )과 연관된 약속이며, 구약 성도들이 실제로 부활해서 천년왕국으로 들어가고 약속된 안식의 (   ), 팔레스타인 (   )으로 들어가게 될 것에 대한 약속이다.

■ 새롭게 깨달았거나 적용할 내용이 있다면 적어 보세요. ■

NOTES

제6과

하나님께서 징계하시는 이유(12장)

『모든 사람들이 참여하는 징계를 너희가 받지 않는다면 너희는 사생아요, 친아들이 아니니라』(히 12:8).

주 예수의 승리의 본(1-4절)

1. 우리를 둘러싼 구름 같은 증인들은(1절) 11장의 믿음의 선배들을 가리킨다.

우리는 믿음의 선배들이 둘러싸고 응원하는 믿음의 경주를 하고 있다. 그들이 응원하는 것은 잘 달리라는 격려이다. 따라서 경주를 중도에 포기하는 것은 우리를 응원하는 그들 앞에 수치스러운 일이므로 반드시 완주하도록 해야 한다. 경주 방법은 모든 무거운 것과 쉽게 에워싸는 죄를 벗어 버리고 인내로 끝까지 달리는 것이다(1절). 짐은 선수들에게 불필요한 것이며 선수는 몸을 최대한 가볍게 해야 하는데, 믿음의 경주자는 "죄"를 벗어버리고 가볍게 달려야 한다. 성도의 믿음의 생활을 경주로 묘사하는 구절은 고린도전서 9:24과 디모데후서 2:5 등이 있다.

『경기장에서 달리는 사람들이 모두 달릴지라도 한 사람만이 상을 받는 것을 너희가 알지 못하느냐? 그러므로 너희도 상을 얻게 되도록 달리라』(고전 9:24).

『또 이기려고 애쓰는 사람이 규칙대로 하지 아니하면 면류관을 얻지 못하리라』(딤후 2:5).

『내가 계시를 따라 올라가서 이방인들 가운데서 전파한 복음을 그들 앞에 제시하였으되 유명한 사람들에게 따로 전한 것은 어떻게 하든지 내가 달려가야 할 일과 달려갔던 일들이 헛되지 않게 하려 함이라』(갈 2:2).

『생명의 말씀을 제시하여 내가 헛되이 달리지도 아니하였고 헛되이 수고하지도 아니하였다는 것을 그리스도의 날에 내가 자랑하려 함이라』(빌 2:16).

성도의 삶은 그 자체가 하나의 경주이다. 성도의 삶은 치열한 영적 전쟁이며 긴 마라톤과 같다. 믿음의 경주에는 성도 자신뿐만 아니라 장애물(세상)과 다른 주자가 있지만, 성도는 자신이 달려갈 길과 자신의 목표(상)만을 바라보며 완주해야 한다(골 3:2, 빌 3:14, 요 21:22). 그리고 승리자로서의 고백을 할 수 있어야 한다(딤후 4:8). 특별히 승리자에게 주시는 면류관은 "썩지 않을 면류관"이다(고전 9:25).

2. 우리가 바라보아야 할 분은 우리 믿음의 창시자요 완성자이신 주 예수 그리스도이시다(2절).

예수님께서는 우리에게 믿음의 경주를 시작하도록 하신 믿음의 창시자이실 뿐만 아니라, 우리 앞서 그 경주를 완주하신 믿음의 완성자이시다. 따라서 믿음의 경주의 끝에서 기다리고 계시는 분은 예수 그리스도이시다. 예수님께서는 인내를 필요로 하는 여러 가지 경주에서 승리하셨다. 죽음의 시험을 인내로 견디셨고(마 26장), 사탄의 시험을 견디셨다(눅 4장). 그리고 제자들의 배반을 견디셨고(마 26장), 배고픔과 목마름(마 4:2, 요 4:7), 슬픔(마 26:38, 요 11:35), 고통(요 19:1,18), 죽음 자체(행 2:27-31)에 대한 모든 시험을 인내로 이기셨다. 예수님께서는 십자가를 견디시고 수치를 개의치 아니하시더니 하나님의 보좌 오른편에 앉으셨다(2절). 초림 때 고난과 죽음을 견디시고 재림 때 많은 왕관을 쓰고 오시듯이 "십자가 없이는 면류관도 없다"(딤후 2:12).

3. 예수님께서는 자기에게 저질러진 죄인들의 모순된 행동들을 견뎌 내셨으며, 우리는 바로 그 예수님을 깊이 생각해야 한다(3절).

역사상 가장 커다란 모순은 피조물들이 자신들을 지으신 창조주 하나님을 대적하는 일이었다. 역사상 가장 커다란 모순을 예수님께서는 "견뎌 내신" 것이다. 주님은 그 죄인들의 구원을 위해 그 모든 것을 "인내"로 견디셨다(벧전 2:23). 우리가 그 예수님을 깊이 묵상해야 하는 이유는 마음이 지쳐 낙심치 않기 위해서이다(3절). 죄와 피흘리기까지 맞서 싸우신(겟세마네, 십자가) 예수 그리스도를 깊이 묵상하며 이 믿음의 경주에서 죄와 싸워나가야 한다(4절).

그리스도인의 징계에 관한 구약의 권면(5-13절)

1. 그리스도인이 징계를 받을 때 유의할 사항은 다음과 같다.

징계를 경시하지 말고, 책망받을 때 낙심하지 말아야 한다(5절). "경시"란 자신의 자만으로 징계를 비웃는 것이다. 하나님의 말씀에 대해 완고한 자세를 취하고, 완고한 입술로 하나님의 다루심을 비웃는 태도이다. "낙심"은 고난에 처했을 때 하나님께서 자신을 버리셨다고 여기며 절망하는 것이다. 고난으로 인해 힘이 빠져 낙심하고 체념해 버린다. 그리스도인의 징계는 그를 향한 하나님의 사랑의 증거이며, 그분께서 그를 받아들이셨다는 증거이다(6절).

『너희가 징계를 견디어 내면 하나님께서는 너희를 아들들로 대우하실 것이니, 아버지가 징계하지 않는 아들이 어디 있느냐? 모든 사람들이 참여하는 징계를 너희가 받지 않는다면 너희는 사생아요, 친아들이 아니니라』(히 12:7,8)

육신의 아버지의 징계를 존중하였듯이, 『영들의 아버지』께는 더욱 복종해야 한다(9절). 육신의 아버지는 자기가 옳다고 생각한 대로 며칠 동안 우리를 징계하였지만, 하나님께서는 우리의 유익을 위하시고 우리가 그분의 거룩하심의 참여자들이 되도록 하시기 위해 징계하시는 것이기 때문이다(10절).

『영들의 아버지』(Father of spirits)라는 말은 그리스도인의 아버지로서의 "영적인 아버지"(spiritual Father)라는 뜻이 아니다. 문자 그대로 모든 영들의 아버지라는 뜻이다. 하나님께서는 그리스도인의 영, 죄인들의 영, 영적 존재인 천사들, 그룹, 스랍, 사탄의 영, 더러운 영들, 동물의 영(전 3:21) 등 이 모든 영들의 아버지시다. 하지만 하나님께서는 사탄이나 더러운 영들, 죄인들의 아버지가 아니시다. 단지 그들의 "창조주"라는 개념에서 하나님은 "영들의 아버지"이실 뿐이다.

징계의 목적은 당시에는 즐겁지 않고 슬픈 것 같으나 후에 그로 인해 훈련된 자들에게 화평한 의의 열매를 맺게 하는 데 있다(11절). 징계는 우리를 훈련하는 도구이며, 열매 맺는 삶을 위한 것이다. **징계받을 때는 맥없이 처진 손을 들어 올려 "기도하고" 쇠약한 무릎을 일으켜 세워 "진리의 길을 똑바로 걸어야 한다"(12절).** 자신의 발을 위하여 믿음으로 스스로 곧은 길을 만들 줄 알아야 하며, 비록 절뚝거려도 길에서 벗어나지 않고 오히려 고침을 받아야 하는 것이다(13절). "곧은 길을 만들라"(13절)는 말은 잠언 4:26,27으로 설명된다. 『**네 발이 가는 길을 잘 살펴 네 모든 길을 굳게 세우라. 오른편이나 왼편으로 돌이키지 말고, 네 발을 악에서 떠나게 하라.**』 "곧은 길을 만들라."는 것은 죄로 굽어진 인생의 길을 펴고 그 길에 놓였던 죄의 장애물들을 모두 치우라는 뜻이다. 징계를 통과하는 길은 오직 주를 앙망하며 여전히 믿음의 길을 곧게 걷는 것뿐이다. 『**오직 주를 앙망하는 자는 자기의 힘을 새롭게 하리니 독수리처럼 날개로 치솟을 것이요, 그들이 달려도 피곤치 않으며 걸어도 곤비치 아니하리라**』(사 40:31).

성경에 등장하는 하나님의 사람들은 사랑과 징계를 적절하게 받았다. 때로는 사랑보다 고난을 더 많이 받은 사람도 있다. 하나님께서 징계하시는 이유는 다음과 같다.

❶ 성도를 겸손하게 만드시기 위해(고후 12:4-7)

❷ 고난 중에 있는 사람을 위로할 수 있게 하시려고(고후 1:1-4)

❸ 위에 있는 것들을 사모하라고(골 3:1-3)

❹ 하나님의 약속이 사실임을 확신시키시기 위해(빌 4:13,19)

❺ 하나님의 은혜가 시련 가운데서 충분함을 보여 주시기 위해(고후 12:9)

상을 잃어버리는 성도의 구약적 모형(14-17절)

1. 『모든 사람과 더불어 화평함과 거룩함을 추구하라. 이것이 없이는 아무도 주를 보지 못하리라.』(14절)라는 말씀은 마태복음의 산상설교와 교리적으로 일치한다. 즉 교리적 적용이 교회 시대를 뛰어넘는다.

『마음이 순결한 자들은 복이 있나니, 그들이 하나님을 볼 것임이요, 화평케 하는 자들은 복이 있나니, 그들이 하나님의 자녀라 불릴 것임이요』(마 5:8,9)

『**주**의 산에 오를 자가 누구며 그의 거룩한 곳에 설 자가 누구인가? 깨끗한 손과 순결한 마음을 지닌 사람이니 그는 헛된 것에 자기 혼을 들어올리지 아니하며 거짓되이 맹세하지 아니하였도다. 그는 **주**로부터 복을 받고 그의 구원의 하나님으로부터 의를 받으리라.』(시 24:3-5)

이것은 이 시대의 구원받은 그리스도인들에게 적용할 수 없다. 왜냐하면 그들 중에는 순결한 마음을 지니지 않은 사람들이 많이 있고, 데마처럼 세상과 접하면서 육신과 죄의 노예가 되어 버린 사람들이 많이 있지만, 그들은 반드시 하나님을 볼 것이기 때문이다. 그들은 그리스도의 심판석에서 하나님을 뵐 것이고(고후 5:10), 하나님과 영원히 함께 있을 것이다(살전 4:17).

2. 『열심히 돌아보아 하나님의 은혜에 미치지 못하는 자가 없도록 하고, 또 쓴 뿌리가 나와서 너희를 괴롭게 하거나 혹 그것 때문에 많은 사람이 더럽혀지지 않도록 하며』(15절)라는 말씀은 교리적으로 환란 성도들에게 해당된다.

환란 성도들은 끝까지 견디지 않으면 구원을 잃어버릴 수 있다. 끝까지 견디지 못하면 하나님의 은혜에 미치지 못하여 그 은혜에서 떨어져 나갈 수도 있기 때문이다(히 6:4-6). **환란 성도들은 쓴 뿌리로 인해 더럽혀지지 않도록 주의해야 한다**. "쓴 뿌리"는 율법 아래 있던 구약의 유대인에게 주어진 경고로서(신 29:18), 하나님께서는 그런 사람에게 율법에 기록된 모든 저주를 내릴 것이고, 그의 이름을 하늘 아래로부터 지워버리시겠다고 경고하셨다(신 29:20). **똑같은 경고가 히브리서 12장에서 주어지는 것이므로, 이 경고는 교회 시대를 향한 경고가 아니라 구약 시대처럼 율법이 회복되는 대환란 때를 향한 경고이다**.

환란 성도의 구원과 관련하여 에서를 예로 들고 있다(16,17절). 환란 성도들 가운데에는 음행하는 자나, 한 그릇 음식을 위하여 장자권을 판 에서와 같이 속된 자가 없어야 한다(16절). 에서가 그 후 축복을 유업으로 받으려고 했을 때 거절당하고, 눈물로 간절히 구해도 회개의 기회를 얻지 못한 것처럼, **환란**

성도들도 천년왕국에서의 유업을 경시하는 속된 자가 되면 구원을 상실하게 되고 다시는 회복될 수 없다.

에서가 경시한 장자권의 의미

에서가 창세기 25장에서 경시한 장자권은 그의 "상속권"이었다. 그것은 하나님께서 아브라함에게 주셨던 "땅"에 관한 복의 언약을 상속받는 권한이었다. 아브라함의 언약은 아브라함과 그의 씨에게 주시는 땅에 관한 언약인데, 아브라함의 독자인 이삭의 장자였던 에서는 바로 이 언약의 직접적인 수혜자였던 것이다. 그런데 그가 팥죽 한 그릇에 장자권을 포기했을 때 그는 그 땅에 관한 상속권을 포기한 것과 같았다. 에서는 아브라함에게 약속된 팔레스타인 땅을 잃었던 것이다. 그가 잃어버린 유업은 천년왕국에서 이스라엘에게 주어질 비옥한 초승달 지역이었다. 따라서 에서는 그 유업을 경시하여 속된 자가 됨으로써 천년왕국의 유업으로 들어가지 못할 유대인들을 예표하는 것이다. 즉 에서는 대환란 기간에 구원을 잃어버릴 유대인들을 예표한다.

재림의 예표로서의 시내 산(18-29절)

1. 환란 성도들이 이른 곳은 구약의 두렵고 떨리는 시내 산보다(18-21절) 더 좋은 곳이다.

환란 성도들이 이른 곳은 "셋째 하늘의 시온 산과, 살아 계신 하나님의 도성인 하늘의 예루살렘, 무수한 천사들, 하늘에 기록된 첫째로 난 자의 총회와 교회, 모든 것의 심판자이신 하나님, 온전하게 된 의인들의 영들, 새 언약의 중보자이신 예수, 아벨의 피보다 더욱 좋은 것을 말하는 뿌리는 피"이다(22-24절).

환란 성도들이 이른 곳을 언급하는 문맥은 "재림"이다(26절). 재림을 앞둔 환란 성도들은 대환란 때에 하늘에서 말씀하시는 분을 거절하지 말아야 한다(25절).

하늘로부터 보냄을 받은 두 증인의 전파와(계 11:1-6) 하늘을 날아가는 천사에 의해 전파되는 영원한 복음과(14:6) 하늘에서 구름을 타고 나타나시는 인자께서 땅의 곡식인 144,000명을(계 14장) 통해 주시는 메시지를 거절하지 말아야 한다. 이렇게 해서 대환란 때 준비된 유대인들은 휴거될 것이고(히 9:28), 그렇지 못한 유대인들은 떨어져 나갈 것이다(마 25:8-12,26-30).

2. 하나님께서는 시내 산에 강림하실 때 땅을 뒤흔드셨지만, 재림 때에는 『또 한 번 땅뿐만 아니라 하늘까지도 뒤흔들리라.』(26절)라고 말씀하신다(학 2:6).

"또 한 번"이라는 말의 의미는 이미 피조된 것들로서 흔들리는 것들을 제거하고 "흔들리지 않는 것들"을 남겨 두시려는 것이다(27절).

하나님께서 남겨 두실 "흔들리지 않는 것들"은 28절의 "흔들릴 수 없는 왕국"뿐만 아니라 다음과 같은 것들이다. 하나님의 은혜, 하나님의 자비, 하나님의 사랑, 우리의 구원, 하늘에 있는 우리의 집, 하나님의 약속에 대한 우리의 믿음, 하나님의 신실하심과 완전하심, 새 하늘들과 새 땅이다.

반면에 흔들리는 것들은 "인간의 믿음, 미래에 대한 인간의 모든 계획, 과학과 철학과 교육의 모든 체계, 로마카톨릭의 군림, 뉴스나 언론에 의해 조장된 인간들의 모든 확신, 세계 정복을 위한 로마 교황의 계획, 외계를 정복하려는 인간의 계획, 땅과 바다와 산과 나무들(즉 땅과 그 안에 있는 것들), 불교나 회교, 유교, 힌두교 등 모든 거짓 종교들"이다.

위와 같은 흔들리지 않는 것들을 상속받기 위해서 "은혜를 소유하고, 이 은혜로써 하나님을 기쁘게 섬기되, 경외함과 경건한 두려움으로 하자."라고 환란 성도들을 독려하고 있다(28절).

경외함과 경건한 두려움으로 섬겨야 하는 이유는 『**우리 하나님은 소멸케 하시는 불**』이시기 때문이다(29절). **이처럼 히브리서 12장의 본문은 적어도 14절부터는 교리적으로 예수 그리스도의 재림과 천년왕국을 바라보는 환란 성도들에게 맞춰져 있다**.

■ 새롭게 깨달았거나 적용할 내용이 있다면 적어 보세요. ■

제6과
복습문제

1. 믿음의 경주를 하는 방법은 모든 무거운 것들과 쉽게 에워싸는 죄들을 모두 벗어 버리고 (　　　　　　　)만을 바라보며 인내로 끝까지 달리는 것이다.

2. 징계의 목적은 후에 그로 인해 훈련된 자들에게 화평한 (　　　　)의 열매를 맺게 하는 데 있다.

3. 에서는 장자권을 경시함으로써 아브라함에게 약속된 (　　　　　)에 관한 상속권을 잃어버린 것이다.

4. 재림을 앞둔 환란 성도들은 대환란 때 (　　　　　　)에서 말씀하시는 분을 거절하지 말아야 한다.

5. 재림 때 땅뿐만 아니라 하늘까지도 뒤흔드시는 이유는 (　　　　　　) 않는 것들을 남겨 두시려는 것이다.

■ 새롭게 깨달았거나 적용할 내용이 있다면 적어 보세요. ■

NOTES

제7과
진영 밖에 있는 주님께로 나아가자(13장)

『그러므로 우리도 그의 수치를 짊어 지고 진영 밖에 있는 그에게로 나아가자』(히 13:13).

바울 서신의 성격이 잘 드러나는 13장

히브리서 13장은 바울 서신의 성격이 잘 드러나는 장이다. 특히 마지막 세 절은 바울이 다른 서신서들을 기록할 때 취하던 안부의 형식을 갖추고 있다. 이 점은 히브리서가 바울 서신임을 암시하는 부분이기도 하다. 그러므로 우리가 13장을 대할 때는 다른 바울 서신서들처럼 교회를 향한 내용으로 받아들일 수 있다.

사도 바울의 다양한 지침(1-8절)

1. 『형제 사랑하기를 계속하라』(1절). 성경에는 이와 유사한 명령들이 있다.

『형제 사랑하기를 계속하고, 나그네 대접하는 일을 잊지 말라. 이렇게 하다가 자기도 모르는 사이에 천사들을 대접한 사람들도 있었느니라』(히 13:1,2).

『그런즉 우리가 더 이상 서로를 판단하지 말고 도리어 형제들 앞에 거치는 것이나 방해물을 놓지 아니하였는지 판단해야 하리라』(롬 14:13).

『그러므로 너희가 행하고 있는 것처럼 서로 위로하고 서로를 세워 주라』(살전 5:11).

『사랑하는 자들아, 우리가 서로 사랑하자. 이는 사랑이 하나님께 속한 것이기 때문이라. 사랑하는 사람은 누구나 하나님께로부터 태어났으며 또 하나님을 아느니라』(요일 4:7).

2. 자기도 모르는 사이에 천사들을 대접할 수도 있으므로 나그네 대접하는 일을 잊지 말라(2절).

이에 관한 정확한 예는 롯이다. 롯은 소돔으로 들어오는 두 천사들을 맞이했는데, 성경에서 천사들은 항상 날개 없는 남자의 모습으로 등장하기 때문에 롯은 그들이 단지 사람들인 줄로 알고 나그네 대접하듯 대접했다.

3. 옥에 갇힌 자들을 함께 갇힌 것처럼 기억하고, 우리 자신도 몸을 가졌으므로 학대받는 자들을 기억해야 한다(3절).

왜 본문에서 "몸"을 말하는가? 그것은 그리스도 안에서 우리가 모두 한 몸이기 때문이다. 『**만일 한 지체가 고통을 받으면 모든 지체가 그와 함께 고통을 받으며 만일 한 지체가 영광을 얻으면 모든 지체가 함께 기뻐하느니라**』(고전 12:26). 그들이 그리스도를 위해 고난을 받는다면 한 몸 된 우리들은 마땅히 함께 아파해야 한다. 『**우는 자들과 함께 울라**』(롬 12:15).

대환란 때에도 이 말씀은 적용된다. 마태복음 25장에서 민족들을 심판하시는 인자께서는(마 25:31-46) 굶주리고 헐벗고 병들고 감옥에 갇힌 주님의 형제들(마 25:40,45)을 돌보았느냐에 따라 보상하시거나 벌하신다.

> 『그러나 왕이 대답하여 그들에게 말하기를 '진실로 내가 너희에게 말하노니, 여기 내 형제들 가운데 가장 작은 자 하나에게 한 것이 곧 나에게 한 것이니라.' 하리라.』(마 25:40).

마태복음 25장의 심판은 주님께서 재림하셔서 세상 민족들이 대환란 때 유대인들을 선대했느냐 박해했느냐에 따라 내리는 심판인 것이다.

4. 혼인은 모든 면에서 귀한 것이므로 침상을 더럽히지 않아야 한다. 음행하는 자들과 간음하는 자들을 하나님께서 심판하실 것이다(4절).

혼인은 하나님께서 친히 제정하시고 가르치신 것이다(창 2장, 마 19장). 혼인은 너무 귀한 것이기 때문에 간음으로 배우자에게서 나뉘는 사람을 하나님께서 심판하실 것이다(마 19:6,9, 고전 6:16-18). **"혼인을 금하는 것"을 디모데전서 4장에서는 "마귀들의 교리"로 규정하고 있다(딤전 4:1-4). 혼인은 디모데전서 3장의 감독의 자격 조건에도 들어 있다(『한 아내의 남편이어야 하며』, 2절). 혼인은 기본적으로 육체와 육체의 결합을 말하기 때문에(엡 5:19-31) 다른 육체와의 결합은 이전 육체와의 분리를 의미하게 된다(고전 6:15,16).** 따라서 음행은 이혼의 근거가 된다(마 19:9).

5. 우리의 생활방식(conversation)에 탐욕이 없도록 하고, 현재 가진 것들로 만족해야 한다(5절).

『내가 너를 떠나지 아니하고 너를 버리지 아니하리라.』(5절)라고 약속하셨기 때문에, 주님 한 분만으로 만족하고 생활방식에 탐욕이 없도록 주의해야 한다. **『내가 너를 떠나지 아니하고 너를 버리지 아니하리라.』**(5절)에 대한 우리의 담대한 고백은 **『주는 나를 돕는 분이시니, 사람이 내게 무엇을 하든지 내가 두려워하지 아니하리라.』**(6절)가 되어야 한다.

그리고 우리는 우리에게 하나님의 말씀을 들려주고 하나님께서 주신 영적 권위에 따라 교회를 영적으로 다스리는 사람들의 행실의 결과를 기억하고 그들의 믿음을 따라야 한다(7절). 예수 그리스도는 어제나 오늘이나 영원토록 동일하시므로(8절) 그분은 항상 신실하신 분이시며, 그분의 돌보심을 항상 신뢰해야 한다.

예수 그리스도께서 영원토록 동일하신 것은 사실이지만 그 분의 사역이 늘 똑같지 않음에 주의해야 한다. 주님께서는 초림 때는 선지자로, 교회 시대에는 제사장으로, 재림 때는 왕으로 사역하신다. 초림 때는 유대인들에게 표적을 행하셨지만, 교회 시대에는 이방인들을 다루시기 때문에 표적을 행하지 않으신다. 『**예수 그리스도는 어제나 오늘이나 영원토록 동일하시니라.**』(8절)라는 말씀을 오용하여 초림 때의 표적을 교회 시대에 흉내 내는 은사주의자들을 멀리해야 한다.

"Conversation"이 5절에서는 『**생활방식**』으로, 7절에서는 『**행실**』로 번역되었다. 〈킹제임스성경〉에서 "conversation"은 단순한 "대화"가 아니라, "생활방식," "행실" 등으로 번역된다. [참고로, 빌립보서 3:20에서는 "시민권"으로 번역된다.] 베드로전서 3:1,2에서 『**아내의 말없는 행실**』에 쓰인 단어가 "conversation"이다. 그런데 이는 남편이 자신의 아내에게서 눈으로 보는 것은 대화가 아니라 그녀의 행실이기에 『**행실**』로 번역된 것이다. "말 없는 대화"라고 하면 어색한 번역이 된다.

우리의 생활방식에 탐욕이 깃들면 우리는 우상 숭배자가 되고 만다(골 3:5). 현재 가진 것들로 만족하지 않고 돈에 탐을 내면 우리 안에 모든 악의 뿌리가 자라게 된다(딤전 6:10). 그러한 자들을 가리켜서 "자기 배를 섬기는 십자가의 원수들"이라고 부르는데(빌 3:18,19, 롬 16:18), 먹고살기 위해 성경을 변개시켜 이익을 챙기는 자들도 마찬가지이다(고후 2:17).

탐욕은 아칸과 게하시를 끝장낸 죄이다. 생활방식에서 탐욕을 제거하기 위해 주어지는 말씀은 『**우리에게 먹을 것과 입을 것이 있으면 이것들로 만족할 것이니라.**』(딤전 6:8)와 『**내가 궁핍하므로 말하는 것이 아니니 이는 내가 어떤 처지에서도 스스로 만족하는 법을 배웠기 때문이라.**』(빌 4:11) 등이다. 예수 그리스도께서도 『**주의하고, 탐심을 조심하라. 이는 사람의 생명이 자기가 소유한 것의 풍부함에 있지 않음이라.**』(눅 12:15)라고 말씀하셨다. 그리고 다음과 같은 사도 바울의 고백도 유념해야 한다.

『우리는 어떤 일이라도 우리에게서 난 것같이 생각하여 스스로 만족하지 않는 것은 우리의 만족이 하나님께로부터 난 것이기 때문이라』(고후 3:5).

예수님과 함께 진영 밖으로(9-17절)

1. 여러 가지 이상한 "교리들"에 끌리지 말아야 한다(엡 4:14,15). 마음은 은혜로써 굳건하게 하는 것이 좋고(벧후 3:18), "음식"(meat)으로 할 것이 아니다. 음식을 따라 처신한 자들은 유익을 얻지 못했다(9절).

9절을 해석할 때는 "교리"와 "음식"이라는 표현에 주목해야 한다. 9절에서는 먹는 음식이 아닌 "교리"의 문제를 다루고 있기 때문이다. **"음식"(meat)은 5:14에서 설명된 "단단한 음식"(strong meat)이다.** 이 "음식"(고기)은 어려운 교리를 뜻하는데, 우리는 5:12-6:1에서 믿음의 기초, 즉 젖에만 머물러 있지 말고 단단한 음식을 먹을 수 있는 장성함으로 나아가라는 명령을 받는다. **그런데 그런 "단단한 음식"에 대해 경고하는 것은 그것이 "여러 가지 이상한 교리들"로 빠져들 위험성이 있기 때문이다.** 그래서 교리보다는 은혜가 마음을 굳건히 하는 데 좋다고 다른 구절에서도 말씀하고 있다. 『**오직 은혜와, 우리 주 곧 구주 예수 그리스도를 아는 지식 안에서 자라가라**』(벧후 3:18).

그리스도인은 먼저 은혜 안에서 자라갈 줄 알아야 한다. 처음부터 지식에만 몰입하면 교만해져서 결국 생소하고 이상한 교리들에 관심을 두게 될 위험성이 있다. 하나님께서 조명해 주시지 않는데도 성경을 억지로 풀려고 하다가 "이상한 교리들"에 빠져들게 되는 것이다. 베드로도 이러한 일에 대해 다음과 같이 경고했다. 『그의 모든 편지에서도 이런 것에 관하여 말하고 있으나 그 가운데는 깨닫기 어려운 것이 더러 있어 무식한 자들과 견고하지 못한 자들이 다른 성경들처럼 억지로 풀다가 스스로 멸망에 이르느니라』(벧후 3:16). 그들이 실패하는 이유는 마음을 은혜로 견고히 하는 과정을 거치지 않았기 때문이다.

본문의 "음식"은 문자 그대로의 음식일 수도 있다. 이 음식을 따라 처신한 자들의 부정적인 결말에 대해 성경은 경고하고 있다. 그들은 하나님의 나라에 합당치 않은 사람이 되거나(롬 14:17), 그리스도의 심판석에서 상을 잃게 되고(롬 14:10,15, 고전 8:8-13), 때로는 신약적인 구원에서 멀어지게 된다(골 2:16-23).

2. 우리에게는 구약의 성막에서 섬기던 자들이 먹을 권한이 없는 한 제단이 있다(10절).

우리의 제단은 "예수 그리스도의 십자가"이다. **갈보리 십자가는 하나님의 어린양께서 제물로 드려지셨던 제단이며, 이것은 구약의 제단과는 차원이 다른 제단이다.** 우리에게는 "영적인 제물들"(15,16절)을 드리는 제단이 있는 것인데, 우리는 갈보리 십자가(영적인 제단)를 근거로 하나님께 영적인 제물들을 드릴 수 있게 되었다. **『그러므로 우리가 그분을 통해서 찬양의 제물을 하나님께 계속해서 드리자. 이것이 그의 이름에 감사하는 우리 입술의 열매니라. 또한 선**

을 행함과 함께 나누는 것을 잊지 말자. 하나님께서는 그러한 제물들을 매우 기뻐하시느니라』(15,16절).

구약 시대에 죄를 위해 대제사장이 성소에 그 피를 가지고 들어가는 그 짐승들의 몸은 진영 밖에서 태웠는데(11절), 이 일이 예표하는 것은 예수님께서 그분 자신의 피로써 사람들을 거룩하게 하시려고 성문 밖에서 고난을 받으신 일이었다(12절).

『그러나 그 수송아지의 고기와 그 가죽과 똥은 진영 밖에서 불사를지니 이것이 속죄제사니라』(출 29:14). 율법에 따르면 성막에서 짐승을 잡으면 그 피는 성소로 가져가고 불결한 것들은 진영 밖에서 태웠다. 이것이 예표하는 것이 진영 밖에서 고난을 겪으신 예수 그리스도의 십자가이다. 주님께서는 짐승의 불결한 부분처럼 불결하게 버려지신 것이다. 예수 그리스도께서는 우리를 위해 죄와 저주가 되셨고(고후 5:21, 갈 3:13), 마귀의 입장으로까지 전락하시어 그 뱀의 위치에서 형벌을 당하셨다(요 3:14). 십자가 위의 예수님께서는 그 순간 하나님께로부터 버림을 받으신 것인데(마 27:46), 이것은 마치 불결하다고 거절을 당하여 진영 밖에 버려지신 것과 같았다. 주님의 이와 같은 희생은 그분 자신이 죄인을 예표하는 문둥병자와 같은 취급을 당하셨음을 보여 준다. 『역병이 있는 문둥병자는... 그에게 역병이 있는 모든 날 동안은 그가 더럽혀진 것이니 그는 불결하니라. 그는 혼자 살되 그의 처소는 진영 밖이니라』(레 13:45,46).

이와 같은 일이 우리에게 주는 도전은 **『우리도 그의 수치를 짊어지고 진영 밖에 있는 그에게로 나아가자.』**(13절)는 것이다. 우리가 진영 밖에 계신 주님께로 나아가야 하는 이유는, 이 세상에는 우리에게 영구한 도성이 없기에 우리가

장차 올 도성을 찾고 있기 때문이다(14절). 우리 거듭난 그리스도인들이 찾고 있는 영구한 도성은 저 위 셋째 하늘에 있다(갈 4:26,27). 이러한 믿음을 소유한 성도는 세상에서 주님과 함께 고난받기를 마다하지 않는다.

3. 성도들이 자신을 영적으로 다스리는 목자들에게 순종하며 복종하지 않으면 유익이 없다(17절). 그들에게 순종해야 할 이유는 두 가지이다.

목자는 자기에게 맡겨진 양떼를 돌보고 훈계하는 사람들이기 때문이다(행 20:28, 빌 2:13-18, 골 1:23-28, 고후 13:7-10, 고전 3,9장). 목자는 교회를 다스리는 자들이기 때문이다(롬 13:1-5, 딤전 5:17, 살전 5:12).

성경대로 믿고 가르치는 목자들을 멸시하고 그들의 영적 지도력에 복종하지 않는 자들에게는 유익이 없다. 그들은 이단에 빠질 수도 있고(행 20:29,30), 거짓 교리에 빠질 수도 있으며(엡 4:14), 믿음이 파괴될 수도 있고(딤전 1:19), 그래서 그리스도의 심판석에서 불타 버리는 상을 아쉽게 바라보게 될 수도 있다.

성도들은 목자들이 기쁨으로 사역하고 슬픔으로 하지 않게 해야 한다. 그리스도의 심판석에서 상을 받기에 합당한 성도들로 자라가는 모습을 그들에게 보여 주어야 한다. 성도 자신의 믿음이 약해지거나 실족하여 목자가 애타는 마음을 갖지 않게 해야 한다(고후 11:29).

> 『너희를 다스리는 자들에게 순종하며 복종하라. 그들은 너희 혼들을 위해 깨어 있기를 자기들이 마땅히 설명해야 할 것처럼 하느니라. 그들로 기쁨으로 하게 하고 슬픔으로 하지 않게 하라. 이는 그것이 너희에게 유익이 없음이라』(히 13:17).

바울의 마지막 축복의 기도(18-25절)

『우리를 위하여 기도하라. 이는 우리가 매사에 정직하게 살고자 하는 선한 양심을 가진 것을 확신하기 때문이라. 그러나 내가 너희에게 더 열심히 이 일을 행하기를 간구하노니, 이는 내가 너희에게 더 속히 돌아가려 함이라. 이제 양들의 큰 목자이신 우리 주 예수를 죽은 자들로부터 다시 이끌어 내신 평강의 하나님께서 영원한 언약의 피를 통하여 모든 선한 일에 너희를 온전케 하사 그의 뜻을 행하게 하시고 예수 그리스도를 통하여 그분이 보시기에 참으로 기쁨이 되는 것을 너희 안에서 이루시기를 원하노라. 영광이 그분께 영원무궁토록 있을지어다. 아멘. 형제들아, 내가 너희에게 권하노니 이 권면의 말을 용납하라. 이는 내가 너희에게 몇 자 적어 편지를 썼음이라. 우리 형제 디모데가 풀려난 것을 알라. 그가 곧 오면 내가 그와 함께 가서 너희를 보리라. 너희를 다스리는 모든 자와 모든 성도들에게 문안하라. 이탈리아의 사람들이 너희에게 문안하느니라. 은혜가 너희 모두에게 있을지어다. 아멘』(18-25절).

1. 바울의 마지막 축복의 기도에는 기도의 효력이 엿보인다. 더 열심히 간구하면 어떤 일이 더 속히 일어날 수 있다는 것이다(18,19절).

『이제 양들의 큰 목자이신 우리 주 예수를 죽은 자들로부터 다시 이끌어 내신 평강의 하나님께서 영원한 언약의 피를 통하여 모든 선한 일에 너희를 온전케 하사 그의 뜻을 행하게 하시고 예수 그리스도를 통하여 그분이 보시기에 참으로 기쁨이 되는 것을 너희 안에서 이루시기를 원하노라』(20,21절). 예수 그리스도의 피는 영원하다. 여기서 "영원한 언약의 피"는 마태복음 26:28에서 맺어지는 "새 언약의 피"이며, 이 언약은 "영원한 생명"을 약속한다(요 3:36).

"양들의 큰 목자"는 요한복음 10장에서 양들을 위하여 자기 생명을 내어놓는 분이시다. 그분은 또한 우리 혼들의 "감독"이시며(벧전 2:25) 목자들의 "목자"이시다(목자장, 벧전 5:4). 이 목자장께서는 그분 밑에 있는 목자들에게 『**하나님의 양무리를 치고 돌보**』라고 명령하셨다(벧전 5:2). 이 말은 사도행전 20:28-32에서 사도 바울이 말한 바이기도 하다. **그 목자들이 쳐야 할 양무리는 자기 양무리가 아닌 하나님의 양무리, 곧 "하나님의 교회"이다. 양무리가 아닌 자들로 이뤄진 교회는 하나님의 교회가 될 수 없으며 목자장이신 예수 그리스도와 아무런 관계도 없다.**

■ 새롭게 깨달았거나 적용할 내용이 있다면 적어 보세요. ■

제7과
복습문제

1. (   )은 모든 면에서 귀한 것이므로 침상을 더럽히지 않아야 한다.

2. 예수 그리스도께서는 영원토록 동일하시기 때문에 그분의 사역도 늘 똑같다. (O , X)

3. 그리스도인은 먼저 (   ) 안에서 자라가야 하며 그다음이 지식이다.

4. 그리스도인들의 제단은 예수 그리스도의 (   )이다.

5. 성도들은 목자들이 (   )으로 사역하고 슬픔으로 하지 않게 해야 한다.

■ 새롭게 깨달았거나 적용할 내용이 있다면 적어 보세요. ■

NOTES

NOTES

복습 문제 정답

제1과

1. 의의, 화평
2. 살, 피
3. 멜키세덱
4. X
5. 아들

제2과

1. 모형
2. 새 언약
3. 멜키세덱
4. Covenant
5. O

제3과

1. 새언약
2. 구속
3. X
4. 하나님
5. 피

제4과

1. X
2. 로마카톨릭
3. 예수 그리스도
4. 양심, 거룩함
5. 환란 시대, 교회 시대
6. X

제5과

1. 믿음, 믿음
2. X
3. 예수 그리스도의 피
4. 은혜
5. 땅, 땅, 땅

제6과

1. 예수 그리스도
2. 의
3. 땅
4. 하늘
5. 흔들리지

제7과

1. 혼인
2. X
3. 은혜
4. 십자가
5. 기쁨

< 추 천 도 서 >

히브리서

피터 S. 럭크만 지음 / 378쪽

20,000원(eBook 14,000원)

히브리서는 교회시대와 환란시대의 과도기적인 책이다. 이 책은 교회시대에 해당되는 본문과 환란시대에 해당되는 본문을 올바로 나누어 분별할 수 있게 해 준다.

열린 성경 닫힌 마음

이송오 목사 지음 / 220쪽

9,000원(eBook 6,300원)

이 책은 성경에 대해 닫혀 있는 눈과 마음을 뜨게 해 주어, 성경을 왜 나누어서 공부해야 하고 어떻게 나누어 볼 수 있는지 알게 해주며, 궁극적으로는 진리와 오류를 분별할 수 있도록 해준다.

어떻게 성경을 가르칠 것인가

피터 S. 럭크만 지음 / 128쪽

3,500원(eBook 2,900원)

가르치는 사람이 성경에 기록된 그대로 믿지 않으면 성경을 올바로 가르칠 수 없다. 이 책은 모든 성경 교사들이 어떻게 성경을 가르쳐야 할지 그 지침을 준다.

세대주의, 성경을 올바로 해석하는 방법

편집부 지음 / 80쪽 / 3,000원(eBook 2,100원)

왜 똑같은 성경에서 여러 가지 해석이 나오는 것인가? 어떤 해석이 올바른 해석인가? 바로 이 책은 성경을 어떻게 읽고 해석할 것인가에 대한 정확한 답변을 제시해 준다.

솔로몬 성경공부 시리즈

히브리서

제2권 믿음의 창시자요 완성자이신 예수 그리스도(7-13장)

초　판1쇄　2022년　1월　7일
개정판1쇄　2025년 10월 17일
지 은 이 / 편 집 부
발 행 인 / 박 승 용
발 행 처 / 말씀보존학회
출판등록 / 제409-2022-000036호
주　　소 / 서울 강서우체국 사서함 제90호
전　　화 / (02) 2665 - 3743
팩　　스 / (02) 2665 - 3302
인 터 넷 / www.biblemaster.co.kr

값 10,000 원